Caspar David Friedrich – Abendlicht

Caspar David Friedrich (1774–1840), dessen 250. Geburtstag in diesem Jahr weltweit gefeiert wird, hat die Kunstgeschichte wie die Betrachter seiner Bilder immer wieder beschäftigt und fasziniert. Sein Werk gilt als Inbegriff der Romantik, jener angeblich typisch deutschen „Innerlichkeit", die den Unruhen der Zeit – nicht nur seiner – und den eigenen Selbstzweifeln den *Zauber der Stille* entgegensetzt. Florian Illies (geb. 1971) gab seinem im letzten Jahr bei S. Fischer erschienenen Buch über Caspar David Friedrich diesen Titel und führt ihn jetzt unter dem Motto *Abendlicht* in einer Magnum-Ausgabe unserer Visuellen Bibliothek weiter aus. Untergehende Sonnen, nebelverhangene Abenddämmerungen, Mondaufgänge am Meer, von nur wenigen, meist in Rückenansicht wiedergegebenen Menschen betrachtet – fernab von Tristesse oder Gefühlsseligkeit weckt Friedrichs Malerei Sehnsüchte, eröffnet Horizonte und erzählt von Himmeln voller Wunder.

80 Seiten, 21 Farbtafeln

Caspar David Friedrich

Abendlicht

Einundzwanzig Himmel

Herausgegeben und mit einem Text von
Florian Illies

Schirmer/Mosel

Inhalt

Im Abendlicht

Wenn die Sonne sinkt, beginnen Friedrichs Himmel von innen zu leuchten

FLORIAN ILLIES

Wir wissen so wenig über Caspar David Friedrich, aber eines, das wissen wir: Er mied das helle Licht des Tages; wenn die Sonne hoch stand, verkroch er sich in seinem verdunkelten Atelier in seiner Dresdner Wohnung An der Elbe 33. Aber wenn sie dann langsam sank und die Dämmerung die Welt sanfter und endlicher zu machen begann, trat er heraus aus seinem Haus und begann seine einsamen Gänge hinein in den Abend. Sein Blick war dabei nach oben gerichtet, er ließ seine Gedanken schweifen hinauf zu den letzten Wolken des Tages, er tauchte ein in jenes warme Gelb, in dem das Firmament über dem warmen Dresdner Elbtal aufleuchtet, bevor es in einem zarten Lila zu verdämmern beginnt.

In diesen abendlichen Himmeln kam der Mensch Caspar David Friedrich zu sich. Und in den Gemälden dieser abendlichen Himmel kam seine Kunst zu sich. Es ist kein Wunder, dass es darum diese Bilder sind, mit denen auch wir heute, 250 Jahre nach Friedrichs Geburt und 200 Jahre nach ihrer Entstehung, Friedrich so nahe kommen können wie nirgends sonst – und auch uns selbst, denn im Betrachten dieser abendlichen Stimmungslandschaften, im Innehalten vor der Feierlichkeit der zur Ruhe gekommenen Natur, dürfen auch wir selbst eintauchen in die Dämmerungen unserer Seele. Friedrichs Malerei ist dem Wunder und dem Warten auf das Wunder verschrieben. Und nie spürt man das deutlicher als in seinem Abendlicht.

Was ist die schönste Tageszeit?

Die Tageszeiten waren ein zentrales Motiv der frühen deutschen Romantik. In Philipp Otto Runges Zyklus *Die Zeiten* aus den Jahren 1802/05 wurden der Morgen, der Mittag, der Nachmittag und der Abend das erste Mal in einem spielerischen, feinnervigen Tanz mit dem Licht und der Welt gezeigt. Der Zyklus von Runge entstand in Dresden – in unmittelbarer Nachbarschaft zu Friedrich, der sein Erscheinen begleitete und der davon 1803 zu seinem allegorischen Blatt *Frühling-Morgen-Kindheit* inspiriert wurde. Damit fing es also an – und wie es sich für einen Anfang gehört: mit einem Morgen. Dreißig Jahre später wird Friedrich seine letzte Jahreszeitenfolge beenden – dazwischen unzählige Beispiele, in denen er den Lauf der Sonne mit dem Lauf des Menschen kurzschließt. In seiner um 1820 entstandenen Bildfolge der *Tageszeiten* aus dem Niedersächsischen Landesmuseum in Hannover hat er am konsequentesten seine Idee vom „Morgen", „Mittag", „Nachmittag" und „Abend" umgesetzt.

Der Abend (TAF. 10) zeigt einen lichten Kiefernwald, durch dessen Stämme die Sonne ihre allerletzten Strahlen sendet. Es ist ein Bild der Ruhe und der Kontemplation, im Mittelgrund stehen zwei Figuren so stumm und gerade da, als seien auch sie fast schon Kiefernstämme beim Sonnenuntergang. Die Figuren sind ergriffen von der Nacht, die ganz allmählich die Macht übernimmt, gleich wird es dunkel, doch auch hier wieder wartet die Natur, bis ihr Freund Friedrich sie gemalt hat, kurz bevor das letzte Licht verschwunden sein wird und die Farben zum Erlöschen bringt. Der Übergang vom Licht zur Dunkelheit soll uns bei Friedrich immer erinnern an den Widerspruch zwischen Leben und Tod, an die Schwelle, an die wir alle kommen werden.

Doch Friedrich glaubt an das Jenseitige, an die neue Schöpfung, darum liebte er auch den Morgen und sein frisches Licht. Wir wissen von Friedrichs Freund Carl Gustav Carus, dass es nicht nur die abendliche, sondern auch die morgendliche Dämmerung war, die ihn vor die Tür lockte, er stand sehr früh auf, um dann in die Täler rund um Dresden zu wandern und dort zu zeichnen. Er liebte es, die Natur zu beobachten, bevor sie vom Licht des Tages überstrahlt und von anderen Augen gesehen wurde, er liebte ihre Unschuld. Und er begann die Natur dann wieder in sein Herz zu schließen, wenn sie am frühen Abend, nach der Hektik des Tages und dem grellen Licht, wieder in diesen unschuldigen Zustand zurückkehrte. Weil er die Morgendämmerung so liebte wie die Abenddämmerung, ist auf vielen seiner Gemälde nicht genau zu sagen, welche Stimmung sie denn nun genau zeigen sollen: Die *Frau vor der untergehenden Sonne* aus dem Folkwang Museum in Essen etwa (TAF. 6) hat im Lauf der Jahre dutzende Deutungen als Abendlandschaft und dutzende als Morgenlandschaft erfahren. Die Verwirrung kommt auch daher, dass über jener Bergkette des böhmischen Riesengebirges, vor der Friedrich seine heilige Dame stehen lässt, in der Wirklichkeit die Sonne immer nur auf-, aber nie untergeht. Aber nicht nur der Glaube, auch Friedrich kann Berge versetzen: Er hat einfach den Gebirgszug, den er in seinem „Karlsruher Skizzenbuch" im Jahr 1804 gezeichnet hat, vierzehn Jahre später in einem Gemälde freihändig in die andere Himmelsrichtung verlegt. Weil ihm diese sanften böhmischen Hügel so wunderbar zum verdämmernden Licht eines Abends passen, ließ er kurzerhand hinter ihnen die Sonne untergehen. Ja, Friedrich, so lernt man immer wieder, baute sich die Natur in seinen Gemälden nach seinen Wünschen um, er verlegte Berge und Bäume, Steine und Küstenzüge, bis sie den für ihn idealen Platz gefunden hatten. Wenn Friedrich eine Landschaft als abendlich wahrnahm, dann malte er sie auch so, wenn er die innere Eingebung hatte, dass hinter diesem Stein oder hinter diesem Baum die Sonne untergehen sollte, dann befahl er es ihr. Sanft, aber doch sehr eindringlich. Und die Natur, sie gehorchte ihm und ließ sich von ihm in den Schlaf wiegen.

Er liebte es, die Welt zur Ruhe kommen zu lassen auf seinen Bildern, die Zeit anzuhalten. Und dafür waren ihm die Stunden der späten sommerlichen Abende die liebsten. Eine wichtige Anregung dafür hat er offenbar aus einem überraschenden Buch erhalten, aus Christian Hirschfelds *Theorie der Gartenkunst*, wo er ein Zitat des Franzosen René Louis de Girardin fand, das ihn sehr bewegte. Girardin berichtet über seine abendlichen Spaziergänge mit Worten, die Friedrich aus der Seele sprachen: „Wenn die Kühle des Abends jene liebliche und anmuthige Farbe verbreitet, welche die Stunden der Ruhe und des Vergnügens ankündigt, dann herrscht in der ganzen Natur eine erhabene Harmonie der Farben. In solchen Augenblicken hat Claude Lorrain die rührenden Kolorite seiner ruhigen Gemälde gewählt, wo die Seele mit den Augen zugleich gefesselt wird; um diese Zeit weiden sich unsere Augen gern an einer großen Landschaft [...]. Die Massen von Bäumen, wo das Licht durchschimmert, unter welchen das Auge einen angenehmen Spazierweg erblickt; große Flächen von Wiesen, deren Grün von durchsichtigen Schatten des Abends verschönert wird [...] leichte Gründe von lieblicher Gestalt und dunstiger Farbe [...]. Es scheint in diesen Augenblicken, als wenn die Sonne, bereit den Horizont zu verlassen, vor ihrem Abschiede erst gern die Erde mit dem Himmel vermähle."

Wenn sich die Erde mit dem Himmel vermähle: Nie ist Friedrich diesem Ideal einer Hochzeit von Irdischem und Überirdischem so nahe gekommen wie in seinem Gemälde *Das Große Gehege* von 1832 (TAF. 20). Das Sanfte des Abends liegt über der Natur und doch spürt man auch eine leichte Bedrohlichkeit, man weiß nicht genau, ob die Apokalypse ansteht oder gerade vorübergegangen ist, auf unheimliche Weise spiegeln sich die letzten Wolken des Tages in den überschwemmten Wiesen und die Bäume stehen majestätisch und stumm Spalier für einen Moment von wehmütiger Ewigkeit. *Abendlicht* nannte 1979 der Schriftsteller Stephan Hermlin sein Erinnerungswerk und nahm dafür das *Große Gehege* als Titelbild und als Inspiration für einen Lebensrückblick voll lyrischer Wehmut.

Ja, in diesem Bild ist Friedrich etwas Einzigartiges gelungen: Er hat ein Bild für die Sehnsucht gefunden. Und er hat die Abendstimmung, die er zuvor vor allem über seine geliebten Ostseelandschaften gelegt hat, in einer finalen Volte auch über seine zweite, sächsische Heimat ziehen lassen. Und während er in dem anmutigen Bild *Der Abendstern* (TAF. 9) dafür noch seine eigene Familie über Dresden auf dem Hügel den Tag verabschieden lässt und er im *Sturzacker* (TAF. 11) mit dem Tag auch die ganze Welt untergehen zu lassen scheint, findet er im *Großen Gehege* dann in seinen letzten Lebensjahren die ultimative Balance aus Schwermut und Zuversicht, aus Feierlichkeit und Vergänglichkeit. Man kann sich auch nach dem Ort sehnen, an dem man lebt, weil man weiß, dass Sehnsucht überall bleiben wird als leiser Schmerz.

Zuhause war Friedrich weder in Greifswald, wo er geboren wurde, noch in Dresden, wo er vier Jahrzehnte lebte, sondern nur, wie er selbst sagte, in der Natur, „zwischen den Bäumen, neben den Steinen, unter den Wolken". Einmal hat er sich für eine Woche ganz im Wald vergraben, im Uttewalder Grund wohl, jenem verwunschenen Tal elbaufwärts, das er so liebte, weil hier das Moos so zärtlich über die Steine wächst und die feinen Bäche von den Höhen herabtropfen, als erzählten sie Heldensagen aus fernen germanischen Zeiten. Es war die glücklichste Woche seines Lebens. Wenn er die Bäume und die Felsen und die Wiesen in den verwunschenen Tälern rund um Dresden erst zeichnet und dann aquarelliert, dann tut er es mit einer Ernsthaftigkeit, Genauigkeit und Zärtlichkeit, die ihren Zauber bis heute bewahrt haben. Hier spürt man sehr genau, wie Friedrich Natur wie abendliche Luft einatmete, um sie als Kunst wieder auszuatmen.

Er ist zeitlebens ein Pommer geblieben, dieser wunderbare, seltsame, besondere Caspar David Friedrich, wenn man mit dem Pommerschen auf höfliche Weise umschreibt, dass er etwas kauzig war und sehr wortkarg. Und er war selig, wenn seine Brüder ihm aus Greifswald und Neubrandenburg die Fässer mit Heringen schickten, die gemästeten Gänse und den dicken Pelzmantel. Solchermaßen pommerisch umsorgt ließ er sich gerne auf Dresden ein, vor allem in der Dämmerung, dann packte er seinen Mantel und seine Schuhe und seinen Zeichenstift und zog hinaus und ging spazieren, die Arme hinter dem Rücken verschränkt. Jeden Morgen, wenn der Tag dämmerte, lief er so an der Elbe entlang und studierte den Himmel, und jeden Abend, wenn sich der Tag dann neigte. Und irgendwann, ließ er aus der Dämmerung seiner Erinnerung diese Eindrücke in sich aufsteigen und sich zu Bildern verdichten, die ihn an diese Spaziergänge erinnerten, an sein eigenes Ergriffensein, auf dass es bis heute uns zu ergreifen vermag.

So paradox es klingt: Friedrich brauchte den Abstand zum Meer und zur Küste seiner Kindheit und Jugend, um sich nach ihr sehnen zu können. Denn erst in Dresden konnte er diese Sehnsucht erleben und erleiden und zu Kunst werden lassen. Die schönsten Bilder Rügens und des Nordens, die hat er in Dresden gemalt, ja, hier hat er für uns alle eigentlich die Sehnsucht erfunden, hat gezeigt, wie schön sie sein kann, wie schmerzhaft schön.

Es ist der einzigartige Zauber der Stille, der jedes einzelne Werk von Friedrich durchströmt. Selbst wenn die Wolken sich in einem nächtlichen Himmel über dem Meer türmen, wenn die Boote übers abendliche Meer ziehen, so scheint er den einen stillen und angespannten Moment eingefangen zu haben, bevor etwas passiert. Die Natur hält kurz inne, wenn Friedrich sie sieht, sie hält den Atem an für ihn, beim Großen Gehege, im Riesengebirge oder am Meer – abendliche Ruhe kehrt ein über der Welt und das macht auch die Figuren stumm, die in seinen Bildern vor ihr stehen oder durch sie wandeln. Es fällt kein Wort. Stattdessen: Andacht, Wundern, Ergriffensein.

Friedrich liebte die Zwischenzustände, die Momente, in denen gleichzeitig etwas beginnt und etwas endet. Wenn der Tag wie der Mensch an einer Schwelle steht.

Auch seine Figuren wird er immer wieder an dieser Schwelle platzieren: den Wanderer auf der hohen Klippe vor dem Nebelmeer genauso wie die drei Figuren an der Bruchkante der *Kreidefelsen auf Rügen*, den Wanderer am Abgrund in *Gebirgslandschaft mit Regenbogen* (TAF. 5) und natürlich die beiden an einem Abhang innehaltenden *Zwei Männer in Betrachtung des Mondes* (TAF. 19) und all seine Einsamen am Meeresufer. Friedrich liebt es, den Moment des Übergangs festzuhalten, jene Endpunkte der Landschaft und des Tages oder der Nacht, an denen es scheinbar nicht mehr weitergehen kann – um damit subtil zu zeigen, dass die nächstmögliche Stufe nur noch der Himmel sein kann. Untergang und Verklärung reißen einen beim Betrachten im gleichen Maße mit.

Bei Friedrich sind die Tageszeiten und die Jahreszeiten immer parallel gedacht zu den menschlichen Lebenstufen, er war ganz und gar durchdrungen von diesem zyklischen Verständnis der Romantik, wenn sich der Tag langsam seinem Ende zuneigte, dann tut das bei ihm auch die Lebensspanne des Menschen, das ist die süße, schmerzende Melancholie, die über jedem seiner abendlichen Himmel schwebt. Das Leben ist in Wahrheit nur ein langsamer Weg zum Tod. Aber Friedrichs Himmel über den Landschaften mit dieser schwermütigen Botschaft bergen ein großes Versprechen: Sie erzählen in feinsten Nuancen von der Schönheit der Unendlichkeit, die hinter jener irdischen Schwelle liegen könnte.

Immer wieder tauchen in diesem letzten Licht, wie etwa in dem anrührenden Liebesbild *Auf dem Segler* (TAF. 13), Städte auf im Bildhintergrund, ihre gotischen Türme ragen hinauf ins Firmament und sie wirken kaum noch wie reale Gebäude, sondern eher wie Traumbilder eines himmlischen Jerusalems.

Herr, bleibe bei uns, denn es will Abend werden

Ja, man kann die abendlichen Himmel von Friedrich und ihre überirdische Ausstrahlung nur begreifen, wenn man sich ihren Schöpfer als einen vom christlichen Glauben durchdrungenen Maler vorstellt. In der Geschichte der Malerei ist Caspar David Friedrich der Erste, der das Landschaftsbild als Altarbild betrachtet. Friedrich malt, was der Evangelist Lukas (LUKAS 24, 29) so – in Luthers Worten – formuliert hat: „Herr, bleibe bei uns, denn es will Abend werden und der Tag hat sich geneiget".

Es geht in den Bildern Friedrichs immer um eine Sehnsucht nach der dauernden Präsenz Gottes, gerade wenn es Abend wird und in den Menschen das Heimweh aufsteigt – und um den leisen Zweifel, ob man sich wirklich darauf verlassen kann, auf Gottes allabendlichen Trost.

Genau dieser Zweifel ist das Thema von Friedrichs aufwühlendster Abendlandschaft, dem *Mönch am Meer* aus dem Jahr 1810 (TAF. 1), und dem Parallelbild *Abtei im Eichwald*. Friedrich selbst hat in einem seiner sehr seltenen Selbstauskünfte aufgeschrieben, was er damit sagen wollte: „Jetzt arbeite ich an einem großen Bilde, worin ich das Geheimnis des Grabes und der Zukunft darzustellen gedenke. Was nur im Glauben gesehen und erkannt werden kann und dem endlichen Wissen der Menschen ewig ein Rätsel bleiben wird (mir selbst ist was ich darstellen will, und wie ich es darstelle, auf gewisse Weise ein Rätsel)."

Was also kann nur „im Glauben gesehen" werden, wie Friedrich es nannte? Vielleicht, dass alle Zweifel menschlich sind, aber es immer eine Aussicht auf Ewigkeit gibt, auf die göttliche Gnade. Das ist es, was er seinem einsamen Mönch am Strand mitgibt, dessen Gedanken so herabgesunken sind wie die Sonne: Das Warten auf Gott lohnt sich, gerade an den langen Abenden, wenn die Zweifel wachsen, die Ängste und die inneren Dämonen erwachen.

Es ist deshalb ein wunderbarer Zufall, dass ausgerechnet der Autor von *Warten auf Godot*, Samuel Beckett, sich von Caspar David Friedrich inspirieren ließ. Im unheilvollen Jahr 1937, als in deutschen Museen überall „entartete Kunst" abgehängt wurde, kam der britische Dramatiker ins Dresdner Museum. Er kam zweimal, um die Werke von Friedrich zu sehen, und nannte es die „einzig erträgliche Form von Romantik". Doch dabei blieb es nicht. Denn die Ewigkeiten, die er vor *Zwei Männer in Betrachtung des Mondes* verbracht hatte, blieben auf immer in ihm haften. Als er Jahrzehnte später damit begann, sein berühmtestes Theaterstück zu schreiben, *Warten auf Godot*, da erinnerte er sich wieder an diese zwei Männer Friedrichs in der Dresdner Galerie. Natürlich hat Beckett absurdes Theater aus dem gemacht, was bei Friedrich ein Zeugnis größter Innigkeit ist. Aber dennoch, es ist aus derselben Quelle geboren: Denn wenn es einen Ausdruck gibt für das, was die *Zwei Männer in Betrachtung des Mondes* verbindet, dann ist es Sehnsucht, die Sehnsucht danach, alles Irdische hinter sich zu lassen und auf irgendeine Weise mit dem großen Anderen, dem Mond, der Natur, dem Göttlichen zu verschmelzen – oder zumindest einen Zipfel davon zu erhaschen. Bei Friedrich hat der Mond immer etwas Tröstliches, „er scheint in ein Weltalter, in dem die Erlösung der ruhelosen Seele sich vorbereitet" (Wieland Schmied). Auch Friedrich malt also letztlich in jedem seiner Bilder ein „Warten auf Godot", ein Warten auf Gott. Nur scheint er, anders als Beckett, sehr viel zuversichtlicher zu sein, dass sich dieses Warten lohnt.

Als es dunkel wird um den Mönch am Meer

Als Caspar David Friedrich im Jahr 1800 in Dresden seinen schwermütigen Gedanken nachhängt, da liest er Jean Pauls gerade erschienenen Roman *Siebenkäs* und schreibt sich zum Trost den folgenden Satz daraus in sein Notizbuch: „Und wenn uns die Menschen verlassen oder verwunden, so breitet ja auch immer der Himmel seine Arme aus und nimmt den Verletzten darin auf."

Neun Jahre später handelt es sich bei Caspar David Friedrich um einen Schwerverletzten. Sehr frühe Wunden schlug schon der Tod der Mutter, als er drei Jahre alt war, dann der Tod des Bruders, der ertrank, als er ihn aus dem Eis errettete, und nun, 1809 stirbt auch noch der Vater. Caspar David Friedrich fühlt sich mutterseelenallein; als sei sein alter pommerscher Stammbaum verdorrt, sitzt er verloren im fernen Dresden. Monatelang quält Friedrich sich mit einem neuen Bild herum. Offenbar sieht es ständig anders aus. Erst ist es Nacht, dann Tag. Erst gibt es viele Boote auf dem Meer, dann übermalt Friedrich sie wieder. Erst ist gutes Wetter, dann schlechtes, dann mittelgutes, dann wieder sehr schlechtes. Erst ist es Nacht darauf, dann helllichter Tag. Dann wird es final Abend – der *Mönch am Meer* wird zu einem Sinnbild des abendlichen Suchens nach dem Sinn des Lebens.

Das riesige Gemälde steht monatelang auf der Staffelei, und anscheinend wird es von Woche zu Woche radikaler. Am Ende bleibt nur der Mönch übrig und über ihm und um ihn neunzehn Möwen.

Der Mönch am Meer, oder: ein bisschen blassbrauner Sand, viel dunkles Wasser und dann der unendliche, düstere Himmel, der alles wie ein Schlund zu verschlingen scheint. Der Sog auf diesem Bild geht ganz eindeutig von oben aus, wir wissen nur nicht sofort, ob vom Himmel oder von der Hölle.

Robert Rosenblum wird 1975 den *Mönch am Meer* auf das Cover seines Standardwerks *Modern Painting and the Northern Romantic Tradition* setzen und dem Buch den Untertitel „Friedrich to Rothko" geben. Was im Sommer 1810 entstanden ist, sei der Anfang, die Morgendämmerung der abstrakten Malerei. Das glaube ich nicht. Denn damit wird man Friedrich nicht gerecht – und ich weiß auch nicht, ob wir immer noch dem Fortschrittsglauben der 1970er Jahre anhängen sollen, dass das Heil der Malerei nur in der Abstraktion zu finden sei. Erst wurde jahrzehntelang gespottet über Julius Meier-Graefes Buch von der *Entwicklungsgeschichte der modernen Kunst*, ihre Erzählung vom langsamen Aufstieg und Verfall – und dann verfiel das späte 20. Jahrhundert unbewusst genau in dasselbe Narrativ und „modern" konnte plötzlich nur noch sein, wer schon Spurenelemente von Abstraktion in sich trägt. Aber: Friedrich ist immer ein durch und durch naturalistischer Maler. „Abstrakt" sind allein seine Gedanken – und genau das ist es, was ihm auch die Zeitgenossen vorwarfen. Dass er so penibel genau seelische Schwebezustände malt.

Gerade weil Friedrich so realistisch die Verlorenheit des Menschen auf der Erde zu malen imstande ist, gerade wenn die Sonne langsam zu versinken beginnt, geht vom *Mönch am Meer* so ein verstörender Zauber aus. Wir können uns keine Sekunde lang den Luxus erlauben, es in das ungreifbare Reich des Unkonkreten zu verlagern. Nein, es ist, um es mit Peter Sloterdijk zu sagen, das erste Bild der Auflösung des Subjekts in der Substanz. Das ist das Radikale. Und dass diese Auflösung realistisch gemalt ist. Das macht sie so gefährlich.

Der *Mönch am Meer* ist das Bild eines verletzten Mannes, der, wie die Figur bei Jean Paul heißt, nun hofft, dass der Himmel seine Arme über ihm ausbreitet. Aber irritiert und verstört muss er erkennen, dass er nicht genau spürt, was der Himmel tut. Ob er ihn wirklich in den Arm nimmt – oder ob er die Arme vor der Brust verschränkt und ihm als Sünder den Einlass verweigert. Diese Verstörung, diese Angst trägt der *Mönch am Meer* in jeder seiner Fasern – und genau sie überträgt sich bis heute auf jeden, der nur eine Sekunde vor dem Bild steht.

Der lange Abend als schnelle Studie

Unendliche Sehnsucht strahlt wie ein überirdisches Licht aus allen Bildern Friedrichs. Die Essenz dieser Bildwirkung steckt in den zwei abendlichen Himmelstudien aus dem Jahr 1824 (TAF. 7 und 8), die beide von Friedrich in Öl auf Papier vor der Natur gemalt worden sind und die als Ölstudien als kühne Solitäre aus dem gesamten Œuvre des Künstlers herausragen. „Abend" hat er hier jeweils mit dem spitzen Ende seines Pinsels in die feuchte Farbe geritzt, damit auch ja keine Zweifel an der Tageszeit aufkommen.

Gerade weil es sich um zwei der drei Werke Friedrichs im damals modischen Medium der Ölstudie handelt, werfen sie bis heute zahlreiche Fragen auf: Wie passt das Malen in Öl vor der Natur zu Friedrich, der sich in seinen Schriften so wortreich absetzte von dieser Plein Air-Malerei, die um 1820 in Frankreich, Italien und auch an den Akademien von Düsseldorf und Dresden en vogue war? Friedrich hatte ja einen anderen, traditionelleren Werkprozess beherzigt, in dem die Natur nur in Bleistiftzeichnungen erfasst wird, bevor dann im verdunkelten Atelier aus dem Innern des Künstlers Bilder aufsteigen, für die er sich aus seinen alten Skizzenbüchern genaue Naturbeobachtungen in Blei als Grundlage holt. Bis auf das Jahr 1824 hielt er sich offenbar sein ganzes Leben an dieses Gelübde. Und natürlich sind, im Leben wie in der Kunst, die Momente am aufregendsten, wenn Gelübde gebrochen werden.

Abend und *Abendlicher Wolkenhimmel* aus Mannheim und Wien stehen in direktem Zusammenhang mit dem Einzug von Friedrichs Freund, dem kernigen norwegischen Maler Johann Christian Clausen Dahl ins gemeinsame Haus An der Elbe 33 im Jahr 1823. Dahl war von seiner langen Reise nach Italien zurückgekehrt, wo er in der Bucht von Neapel die Technik der Ölstudien zu neuen Höhen geführt hatte – und er setzt diese Arbeit dann in Dresden fort. Friedrich dürfte also von seinem zurückgekehrten Freund nicht nur überzeugt worden zu sein, sich einmal auf einem gemeinsamen abendlichen Spaziergang durch die Dresdner Elbauen in dem ihm fremden Medium zu erproben, sondern die Arbeiten auch – wie es Dahl zu tun pflegte – mit der Spitze des Pinsels in die feuchte Farbe zu beschriften, einmal steht dort also „Abend October 1824", einmal „Abend September 1824".

Wenn schon Tabubruch, dann wenigstens zu seiner bevorzugten Tageszeit, so mag sich Friedrich gedacht haben. Gerade weil es sich bei diesen beiden Werken um Ölstudien in höchster Vollendung handelt, die nicht nur den Geist des Mediums atmen, sondern auch den Geist Friedrichs, stellen sich bis heute viele Fragen. Die wichtigste: Warum hat Friedrich, wenn er sah, zu welch herausragenden künstlerischen Ergebnissen er in der von ihm eigentlich abgelehnten Malweise direkt vor der Natur in der Lage war, sich dennoch nach diesen beiden Experimenten explizit dagegen entschieden, weiter in dieser Technik zu arbeiten?

Wir wissen von Friedrichs Frau, dass er das „Himmelsmalen als Gottesdienst" sah. Hatte er das Gefühl, dafür brauchte es die mönchische Arbeitsweise im abgedunkelten Atelier, wo er tagelang Farbschicht über Farbschicht legte – und hatte er Angst, das spontane Erfassen des Himmels sei diesem unwürdig, sei also gotteslästerlich? Gut möglich.

Der *Abendliche Wolkenhimmel* aus Wien (TAF. 7) bezieht seinen Zauber aus dem Effekt der Wolkendecke, die sich wie ein Schleier über das ganze Firmament legt und zwischen dessen tiefem Violettgrau vor allem im unteren Rand zarte Lichtstreifen von gleißender Energie hervorbrechen. Im Bildvordergrund sieht man einen Hügelkamm, auf dem die Silhouetten von Laubbäumen zu erkennen sind, aber die Erde dient hier nur dazu, dem Himmel den Boden zu bereiten für seinen großen Auftritt.

Beim *Abend* aus Mannheim (TAF. 8) finden wir auch wieder den blassgrauen Erdstreifen im Bildvordergrund mit einer angedeuteten Landschaft, aber in diesem Fall wirkt er nur wie der Sockel für ein die gesamte Bildfläche überziehendes Leuchten. Ein Leuchten, das überirdisch wirkt in seinem hellen Gelborange, das die untere Bildhälfte bestimmt und das dann noch einmal aufgenommen wird in den hinreißend hingetupften Cirrus-Wolkenzipfeln, die sich über das Hellblau des oberen Bildraumes ziehen.

Nie hat Caspar David Friedrich pure Transzendenz mit weniger Pinselstrichen und auf kleinerem Raum erzeugt als hier. All seine hochbegabten Schüler und auch all die Schüler von Dahl, und egal, ob sie hunderte dieser Studien des einzigartigen Himmels über dem Elbtal anfertigten und nicht nur zwei, haben nie diese Dimension des Überirdischen erreicht wie Caspar David Friedrich in diesen beiden kleinen abendlichen Werken voller Magie.

Ein letzter Abendspaziergang

In Zeiten des abnehmenden Lichts wollen wir einen letzten Abendspaziergang machen. Zum *Einsamen Baum* aus der Alten Nationalgalerie in Berlin (TAF. 18) und der *Landschaft mit Eichen und Jäger* aus dem Museum Oskar Reinhart in Winterthur (TAF. 2). Im *Einsamen Baum* fängt Friedrich den kostbaren Moment eines Sommerabends in weiter Landschaft ein, wenn die Luft zu stehen scheint, wenn die Farben ganz langsam zu verlöschen beginnen und schon ein Mollton über den Wiesen und Bäumen liegt. Ungeheure Sehnsucht liegt über diesen Wiesen. Es ist der Moment, bevor sich die vertraute Welt verflüchtigt und ins kaum noch Greifbare entgleitet. Majestätisch steht die Eiche im Mittelgrund, sie verbindet den Himmel mit der Erde; der Schäfer, der an ihrem Stamm lehnt, wirkt schon wie eine Traumgestalt und auch das Dorf im Hintergrund verschwimmt langsam, es ist wie ein letzter Blick auf die zur Ruhe gekommene Welt, bevor wir unsere Augen schließen.

Die *Landschaft mit Eichen und Jägern*, der ich so verfallen bin, zeigt schließlich zwei ungeheure Dinge: Wir wollen in das Bild einsteigen und mit den Augen eintauchen in den schmalen hellgrünen Bildstreifen im Mittelgrund, doch wenn wir dann dort angelangt sind, kommen wir nicht mehr zurück, die Eichen versperren uns wie ein Gestrüpp den

Rückweg, wir sind gefangen im Bild – genauso wie jener Jäger, den man erst auf den dritten Blick entdeckt und der zwischen den Ästen hockt und von uns nicht gestört werden will. Selten wurde auf intelligentere Weise gezeigt, dass das Betrachten von romantischer Kunst eine gefährliche Angelegenheit ist.

Und dann: Über der *Landschaft mit Eichen und Jäger*, auch fast verborgen hinter dem Geäst, kommen noch einmal auf eindringliche Weise die geheimen Hauptfiguren von Friedrichs abendlichen Himmeln ins Spiel: die Wolken. Gemeinsam mit dem aus großer Tiefe strahlenden Licht sind sie der wichtigste Bestandteil des Firmaments seiner Gemälde, er malt sie mit einer einzigartig hingebungsvollen Zärtlichkeit. Diese Hingabe ans Überirdische strahlt bis heute aus den oberen Bildhälften seiner Gemälde, sie erst machen Friedrichs Kunst zu einem nie lösbaren Wunder.

Neben dem göttlichen Licht, das er aufscheinen lässt und dem er eine Transzendenz verleihen kann wie kein anderer Maler der europäischen Romantik, sind die unscheinbaren grauen Wolken die zweiten Bausteine seiner überirdischen Himmel. Man schaue sich diese grauen Wolken über den Eichen an, wie sie das Hellblau verdecken. Es scheint, als bekräftige Friedrich die Auffassung der christlichen Mystik, wonach das göttliche Licht den Menschen gefährde – deshalb habe sich Gott, damit seine Gegenwart auszuhalten sei, in Wolken gehüllt. Genau so malt Friedrich seine Wolken – sie verhüllen zärtlich ein göttliches Geheimnis. „Auch Friedrich wollte Gott malen", schreibt László Földényi in seinem Buch *Die Nachtseite der Malerei*, „aber sein Gott hat das All verlassen und war ins Herz gezogen". Und so sucht er ihn auf der ganzen Welt – und am Ende dann in sich.

Wer Friedrichs Bilder anschaut, wird Zeuge eines ungeheuren Vorgangs: Man sieht darauf Menschen, die den abendlichen Himmel anschauen, als wäre es die erste Dämmerung, als käme die erste Nacht, als würden sie alles zum ersten Mal sehen, so andächtig sind sie und so ergriffen. „Als wäre", wie Wieland Schmied schreibt, „für einen Augenblick das Geheimnis der Welt und unseres Lebens offenbar".

Tafeln

Wenn nicht anders vermerkt, sind alle Werke in Öl auf Leinwand ausgeführt.

1. *Mönch am Meer,* 1808–1810
110 x 171,5 cm

2. *Landschaft mit Eichen und Jäger,* 1811
32 x 44,5 cm

3. *Abend an der Ostsee,* 1825
31 x 25 cm

4. *Ruine Eldena im Riesengebirge,* 1830/1834
103 x 73 cm

5. *Gebirgslandschaft mit Regenbogen,* 1809/1810
69 x 102 cm

6. *Frau vor der untergehenden Sonne,* um 1818
22 x 30 cm

7. *Abendlicher Wolkenhimmel,* 1824
12,5 x 21,2 cm

8. *Abend (Wolken),* 1824
20 x 27,5 cm

9. *Der Abendstern,* um 1830
32,2 x 45 cm

10. *Der Abend,* um 1821
22 x 31 cm

11. *Sturzacker,* um 1830
35 x 47,7 cm

12. *Berglandschaft in Böhmen,* um 1830
35 x 48,8 cm

13. *Auf dem Segler,* 1818
71 x 56 cm

14. *Frau am Strand von Rügen,* 1818
21, 5 x 30 cm

15. *Elblandschaft,* um 1820
22,2 x 30,5 cm

16. *Felsenriff am Meeresstrand,* 1824
22 x 31 cm

17. *Seestück bei Mondschein,* um 1827
25,2 x 31,2 cm

18. *Der einsame Baum,* 1822
55 x 71 cm

19. *Zwei Männer in Betrachtung des Mondes,* 1830/35
35 x 44,5 cm

20. *Das Große Gehege bei Dresden,* 1832
73,5 x 103 cm

21. *Mondaufgang am Meer,* 1821
135 x 170 cm

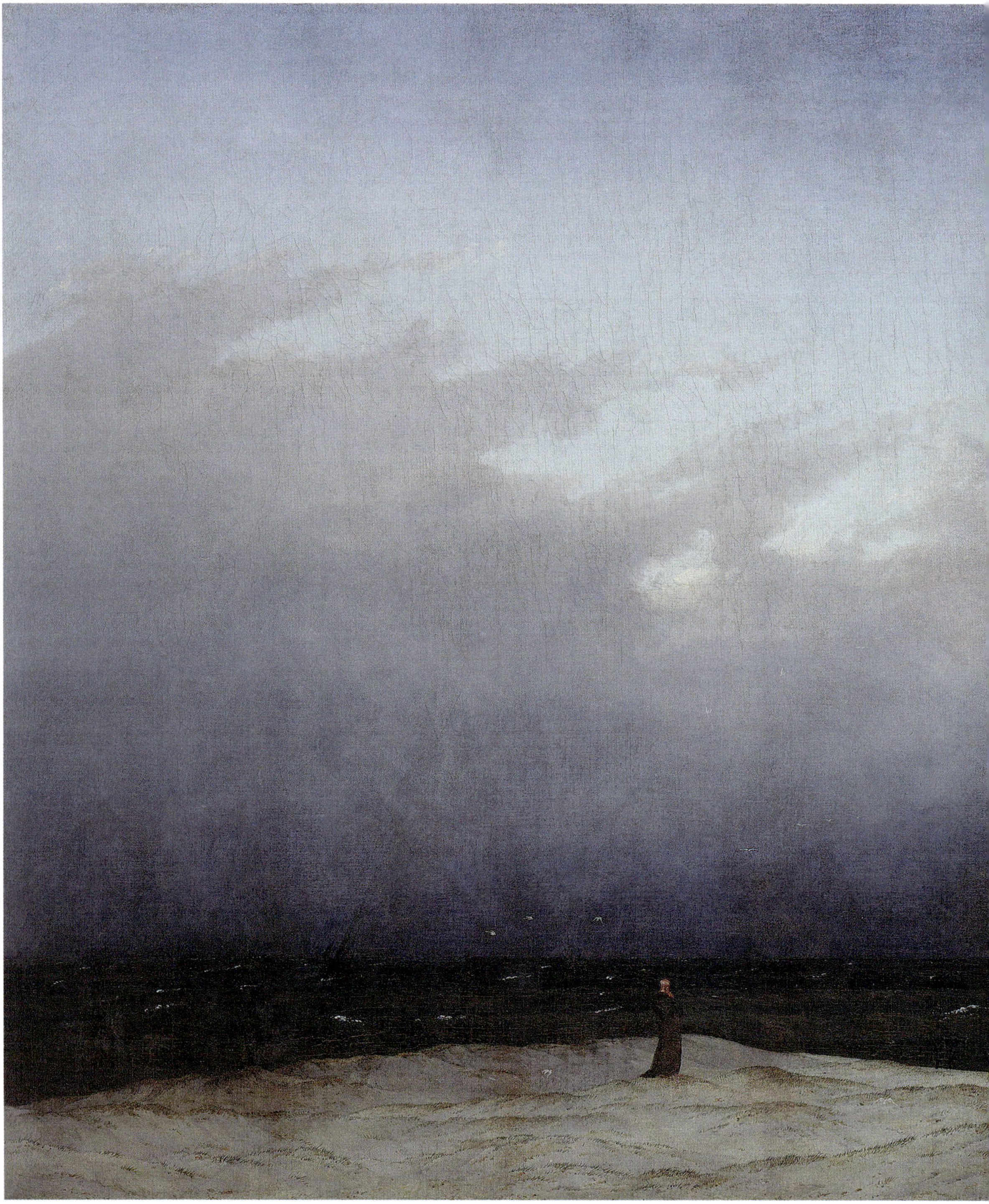

1. *Mönch am Meer*, 1808–1810
110 x 171,5 cm, Nationalgalerie Berlin

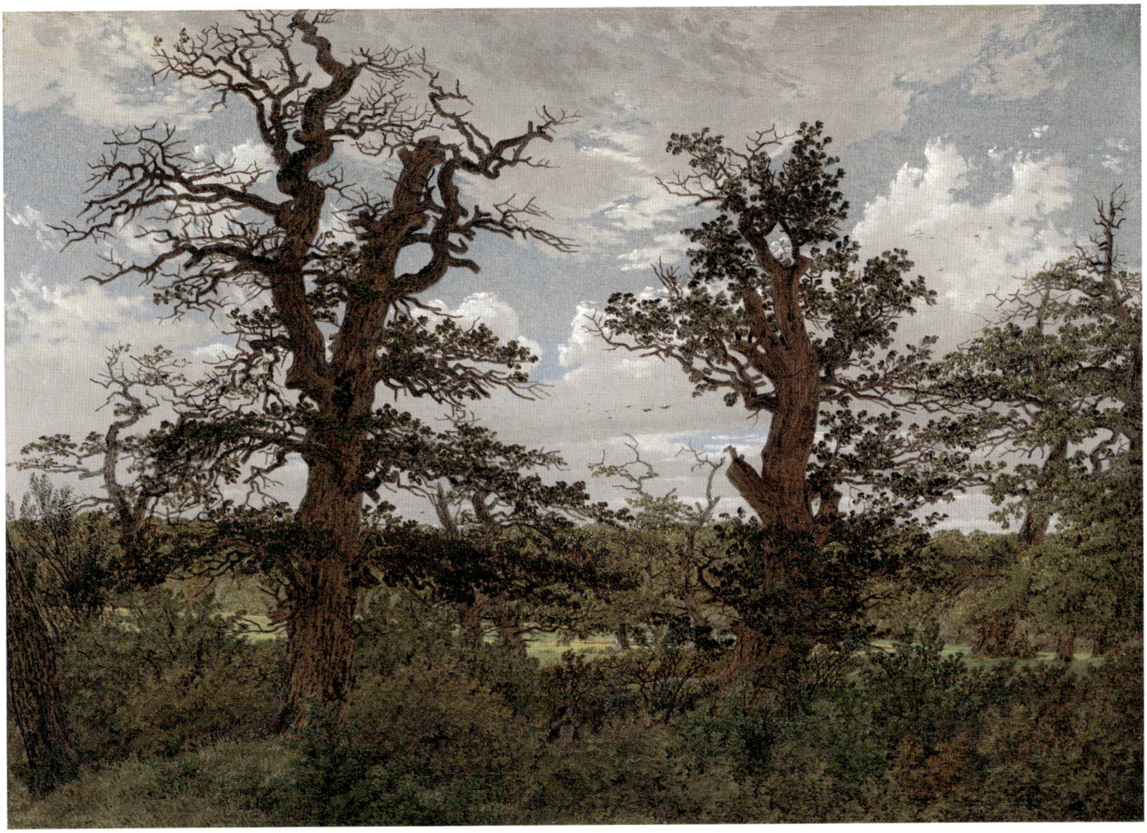

2. *Landschaft mit Eichen und Jäger*, 1811
32 x 44,5 cm, Kunst Museum Winterthur, Stiftung Oskar Reinhart

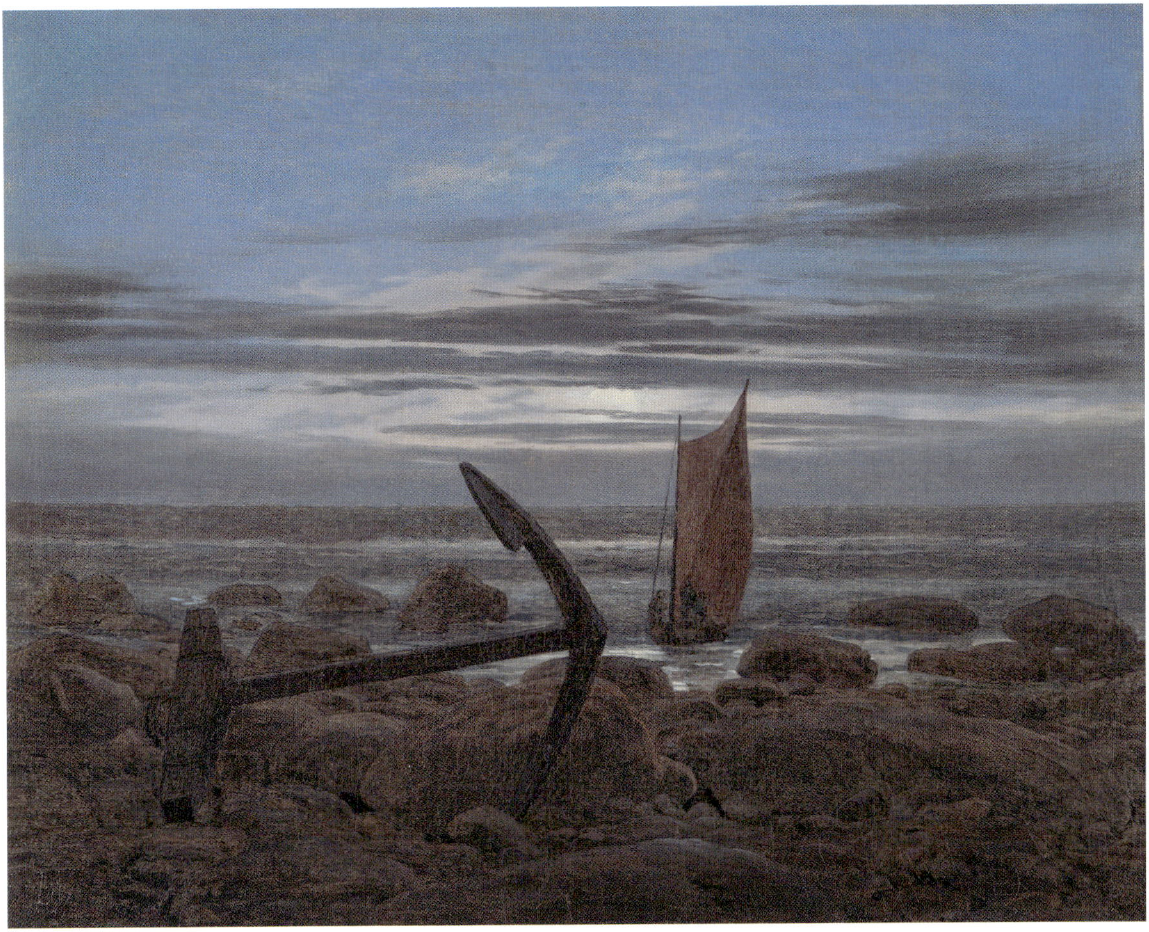

3. *Abend an der Ostsee*, 1825
31 x 25 cm, Museum Georg Schäfer, Schweinfurt

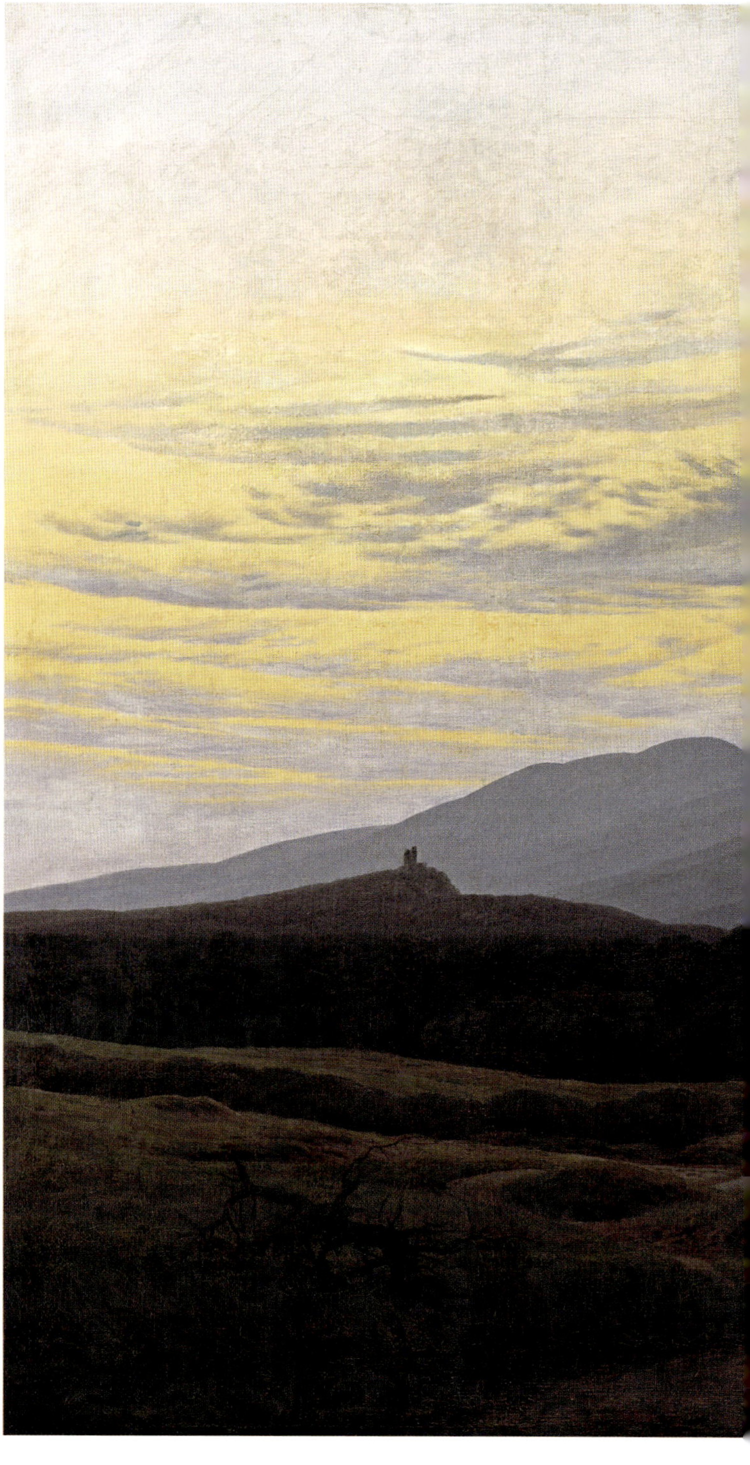

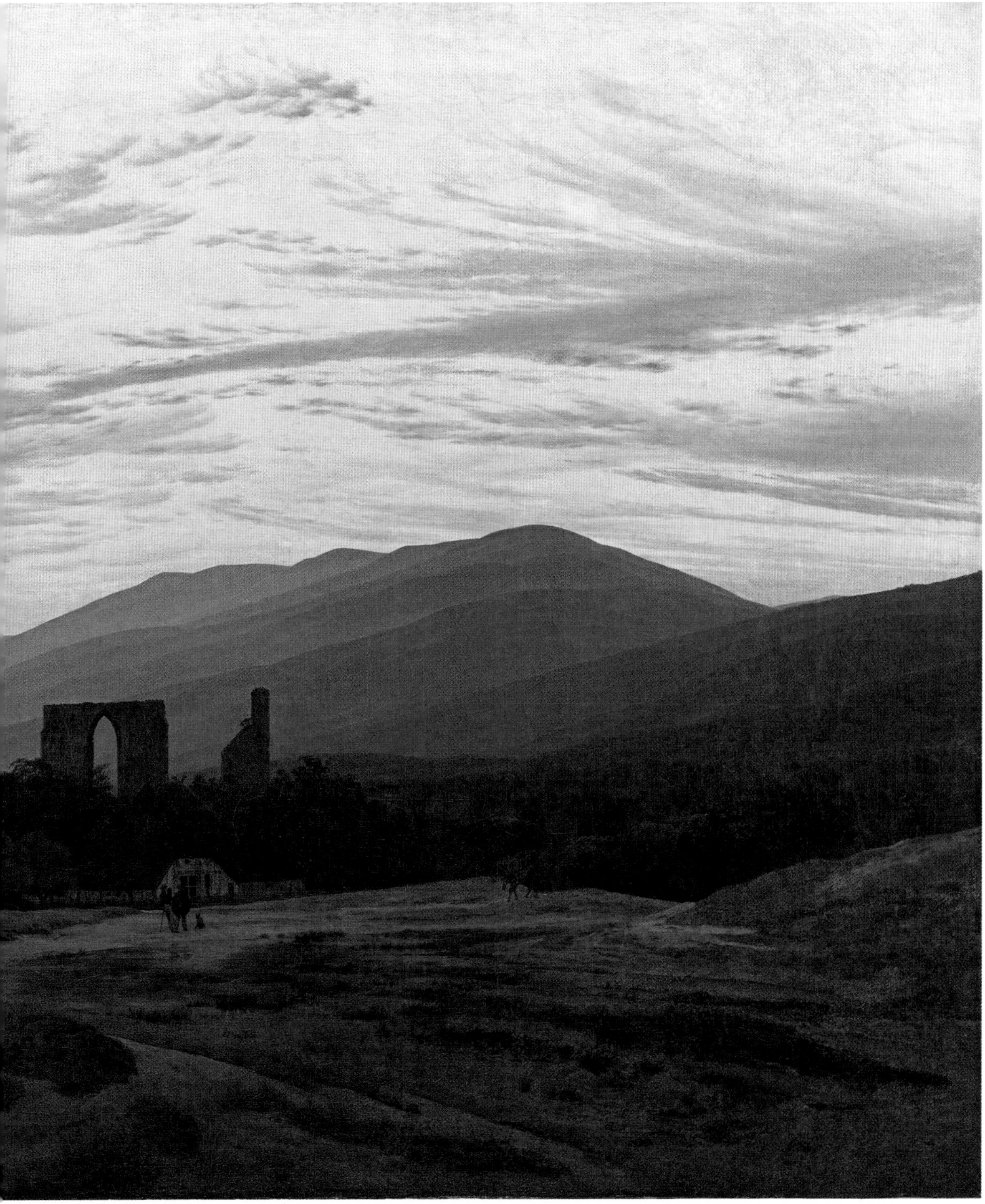

4. *Ruine Eldena im Riesengebirge*, 1830/1834
103 x 73 cm, Pommersches Landesmuseum, Greifswald

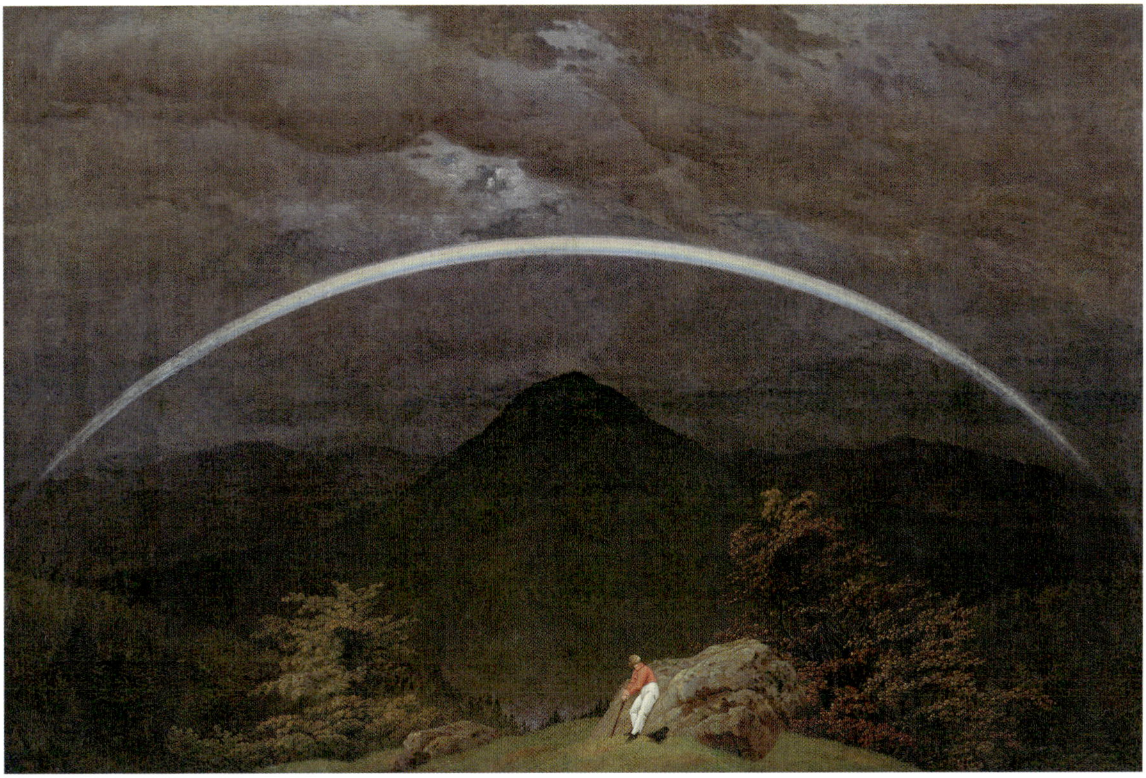

5. *Gebirgslandschaft mit Regenbogen*, 1809/1810
69 x 102 cm, Museum Folkwang, Essen

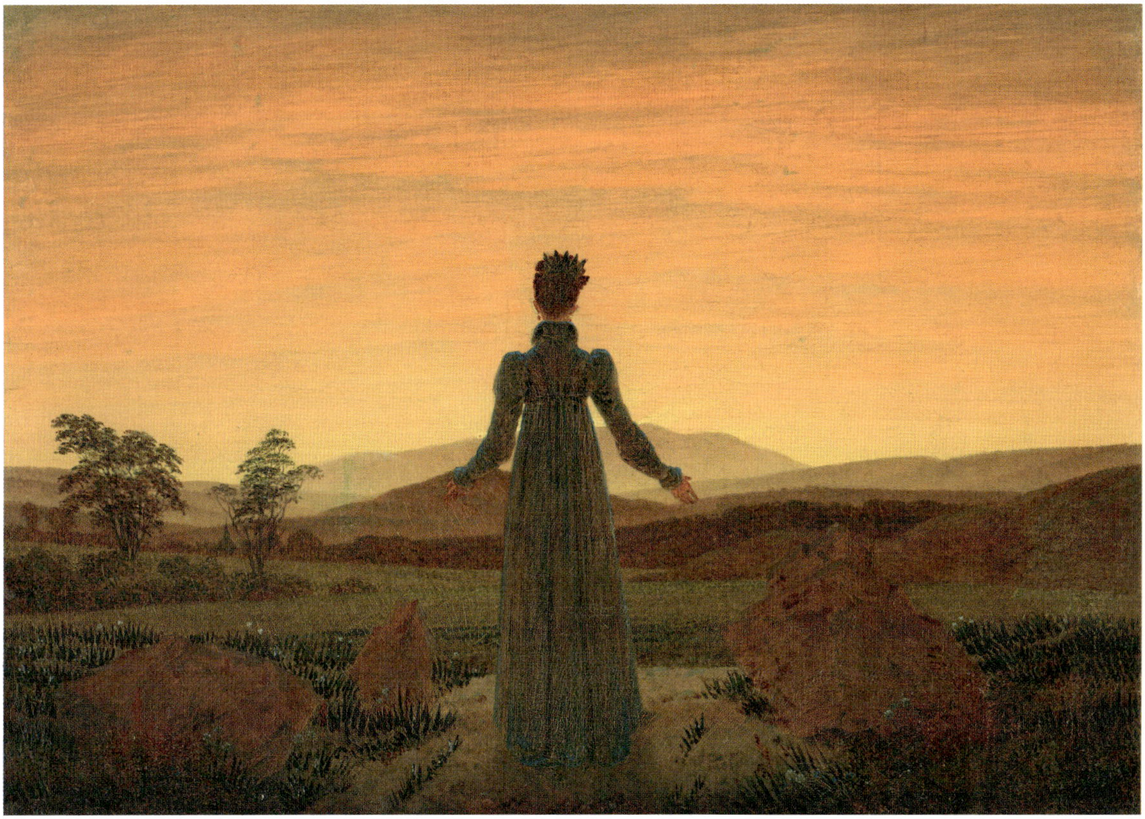

6. *Frau vor der untergehenden Sonne*, um 1818
22 x 30 cm, Museum Folkwang, Essen

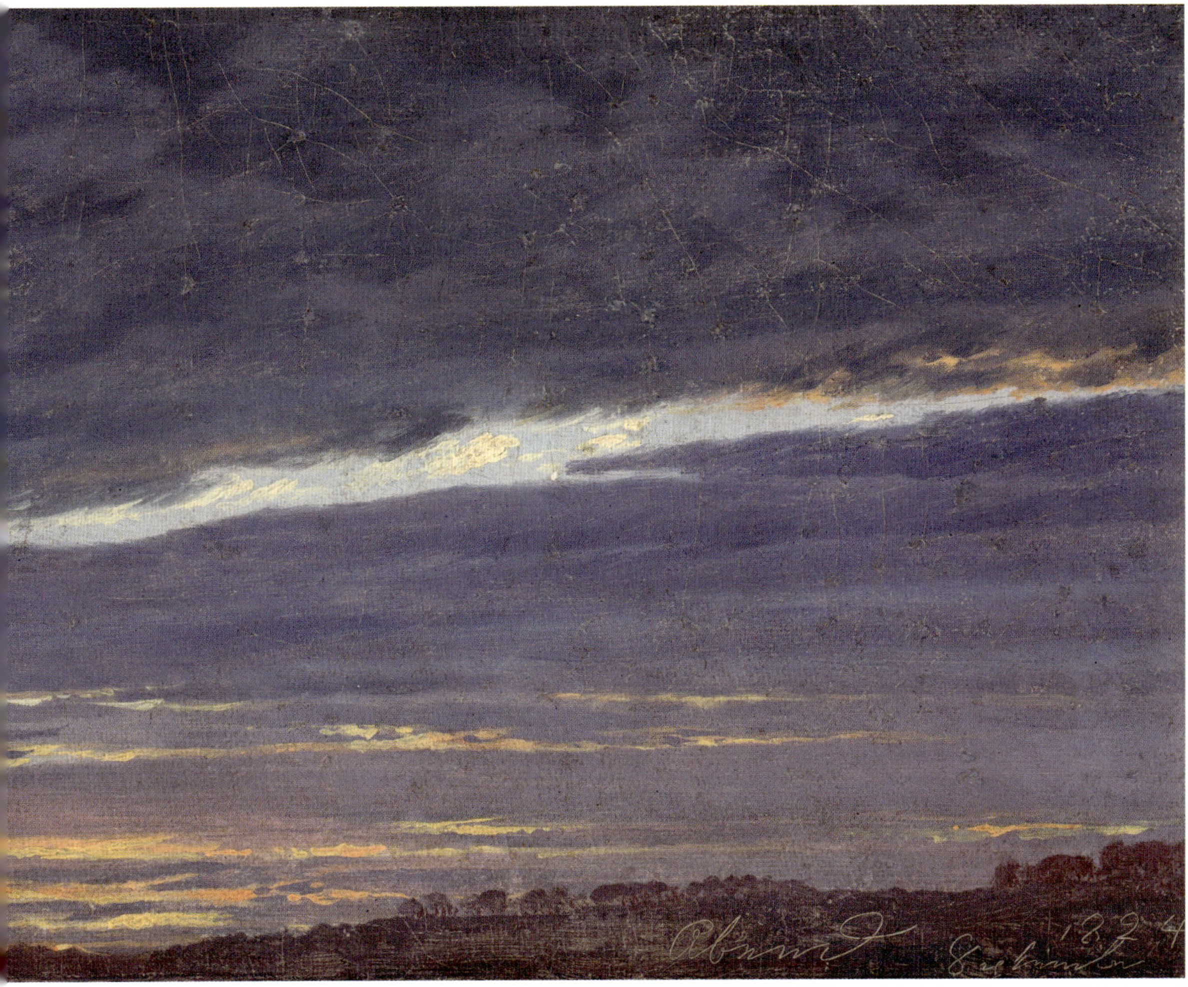

7. *Abendlicher Wolkenhimmel*, 1824
Öl auf Papier, 12,5 x 21,2 cm, Belvedere Museum Wien

8. *Abend (Wolken)*, 1824
Öl auf Papier, 20 x 27,5 cm, Kunsthalle Mannheim

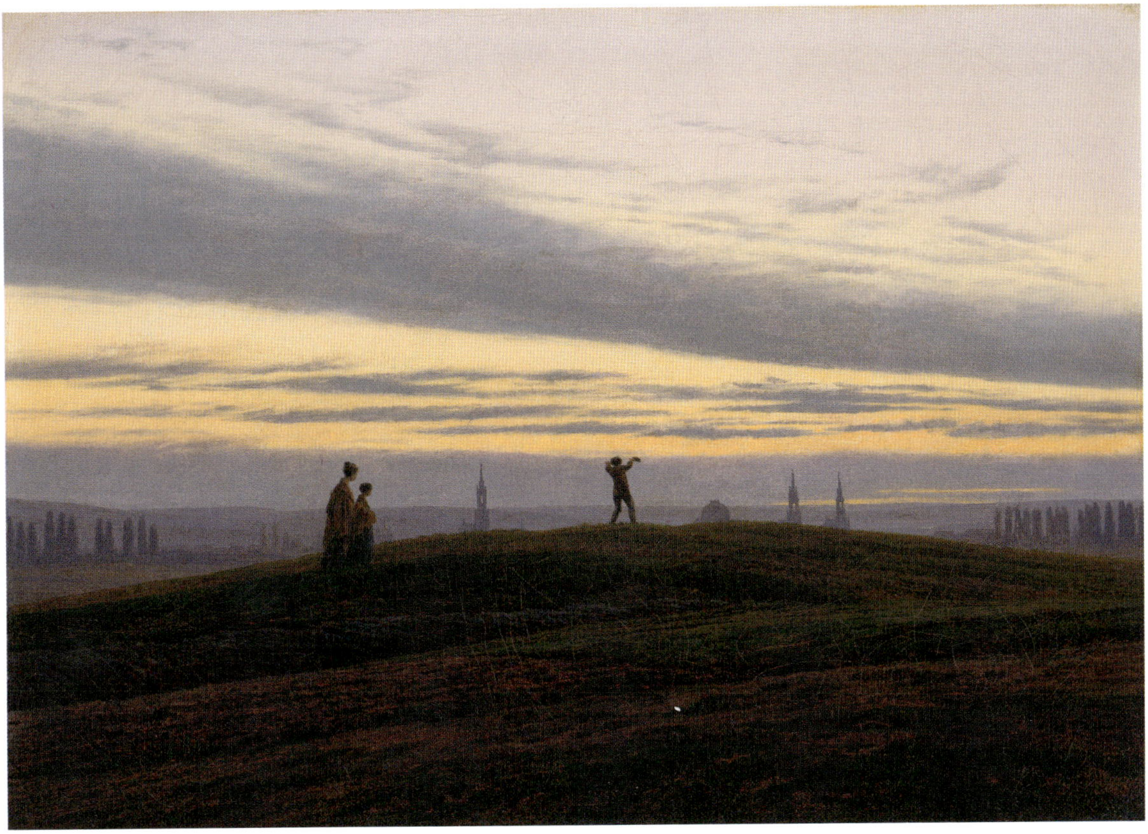

9. *Der Abendstern*, um 1830
32,2 x 45 cm, Goethe-Haus, Deutsches Romantik-Museum, Frankfurt am Main

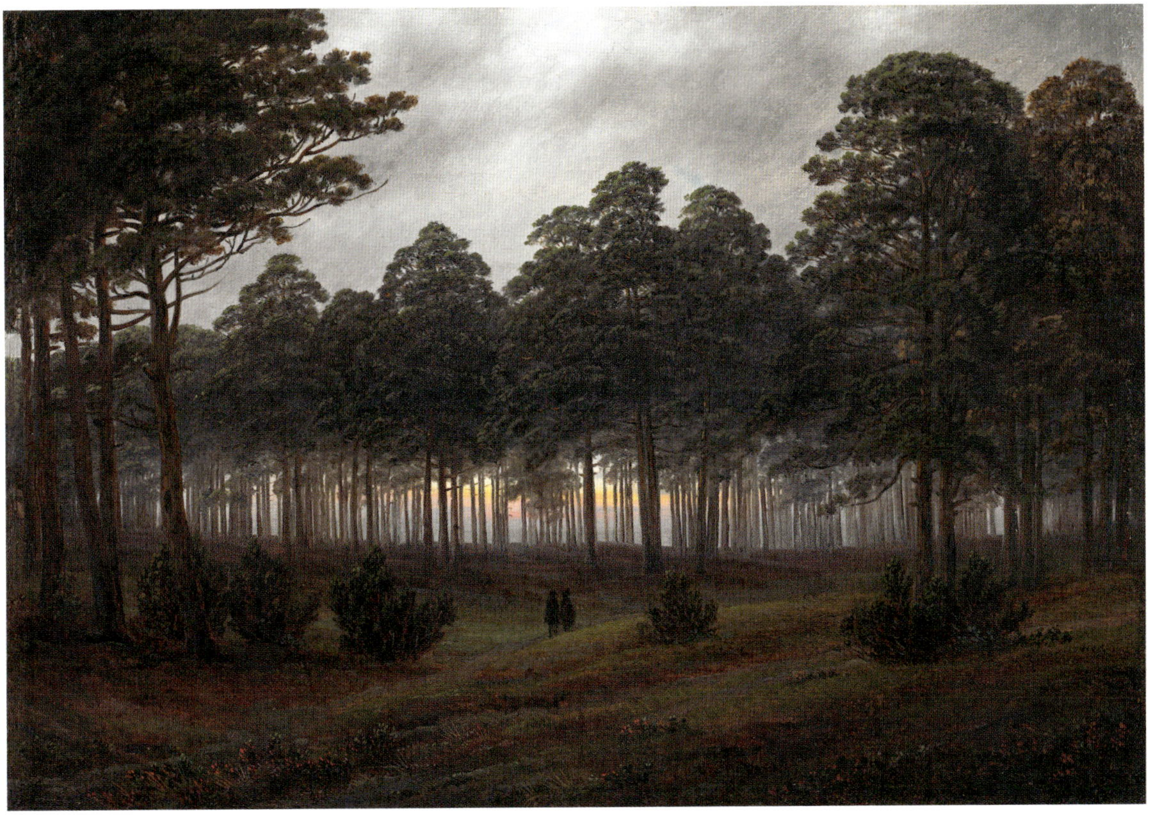

10. *Der Abend* (4. Bild des Zyklus *Vier Tageszeiten*), um 1821
22 x 31 cm, Landesmuseum Hannover

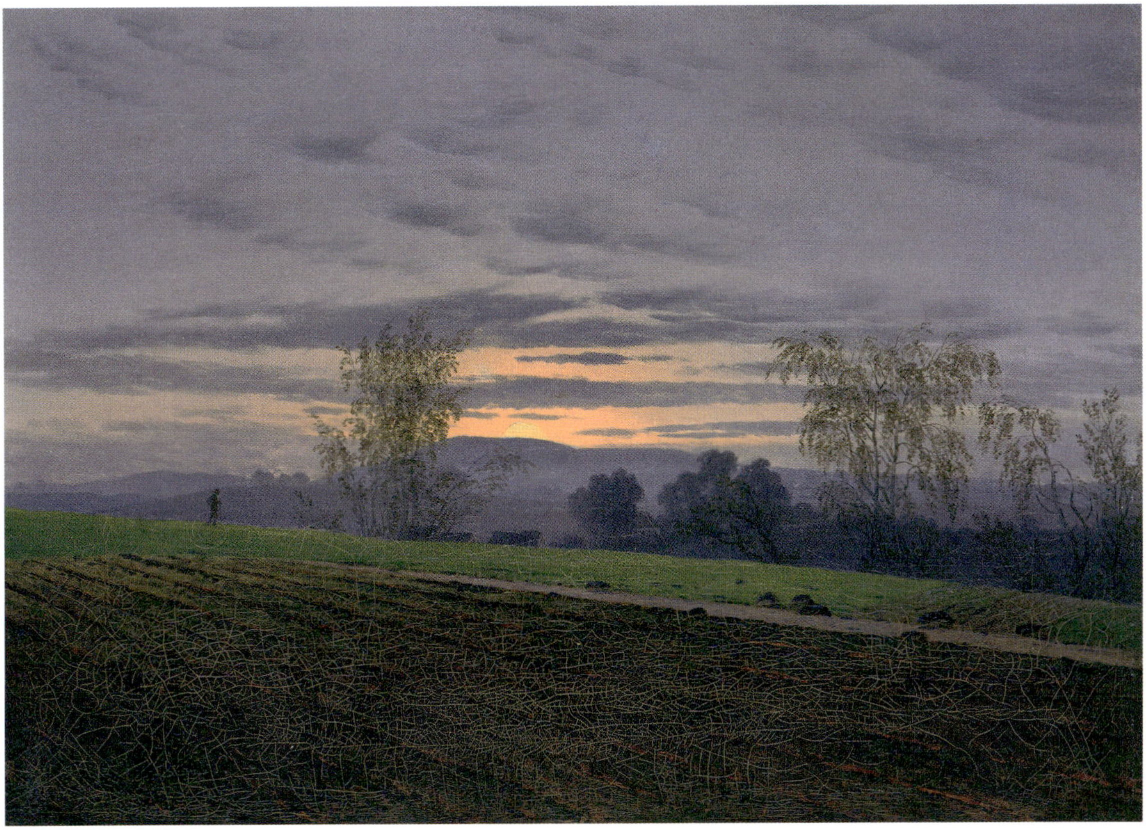

11. *Sturzacker*, um 1830
35 x 47,7 cm, Hamburger Kunsthalle

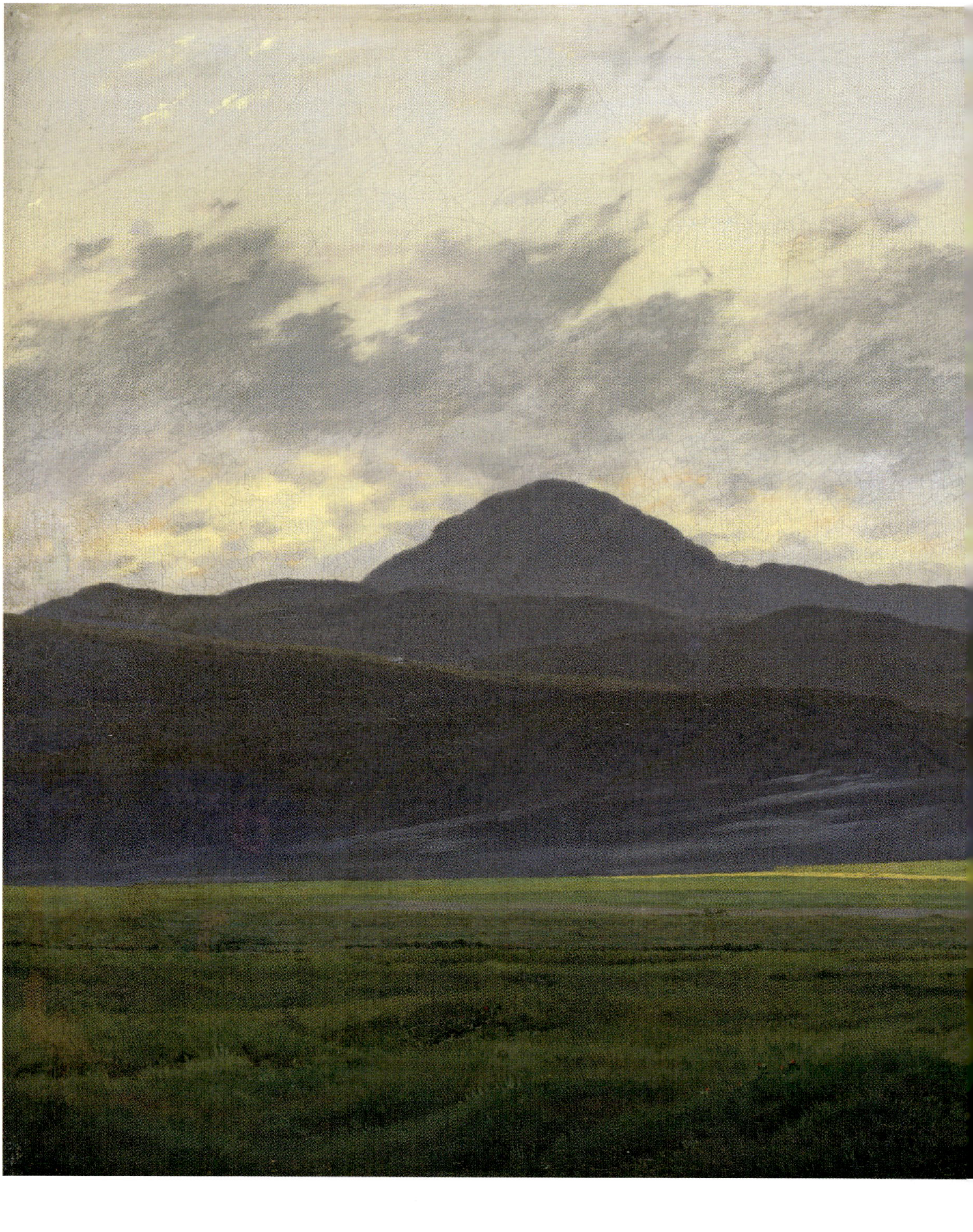

12. *Berglandschaft in Böhmen*, um 1830
35 x 48,8 cm, Hamburger Kunsthalle

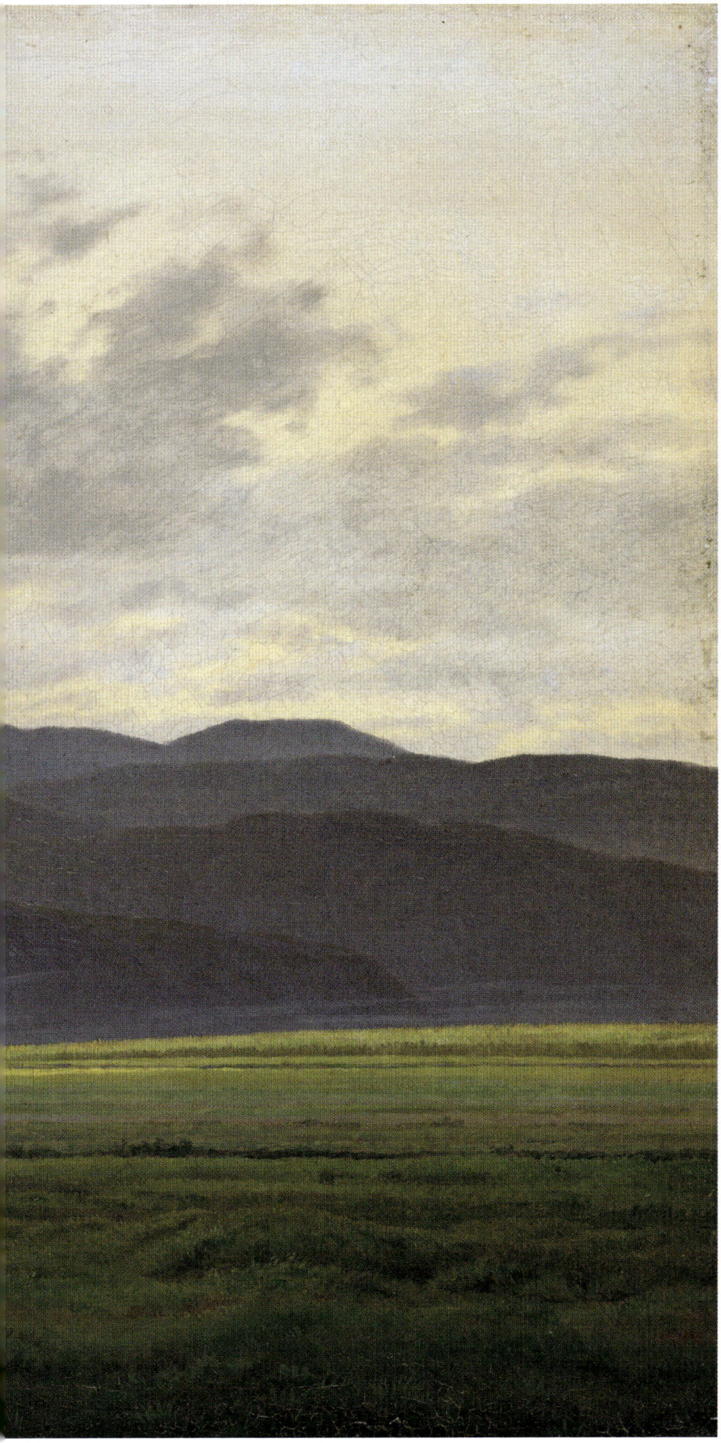

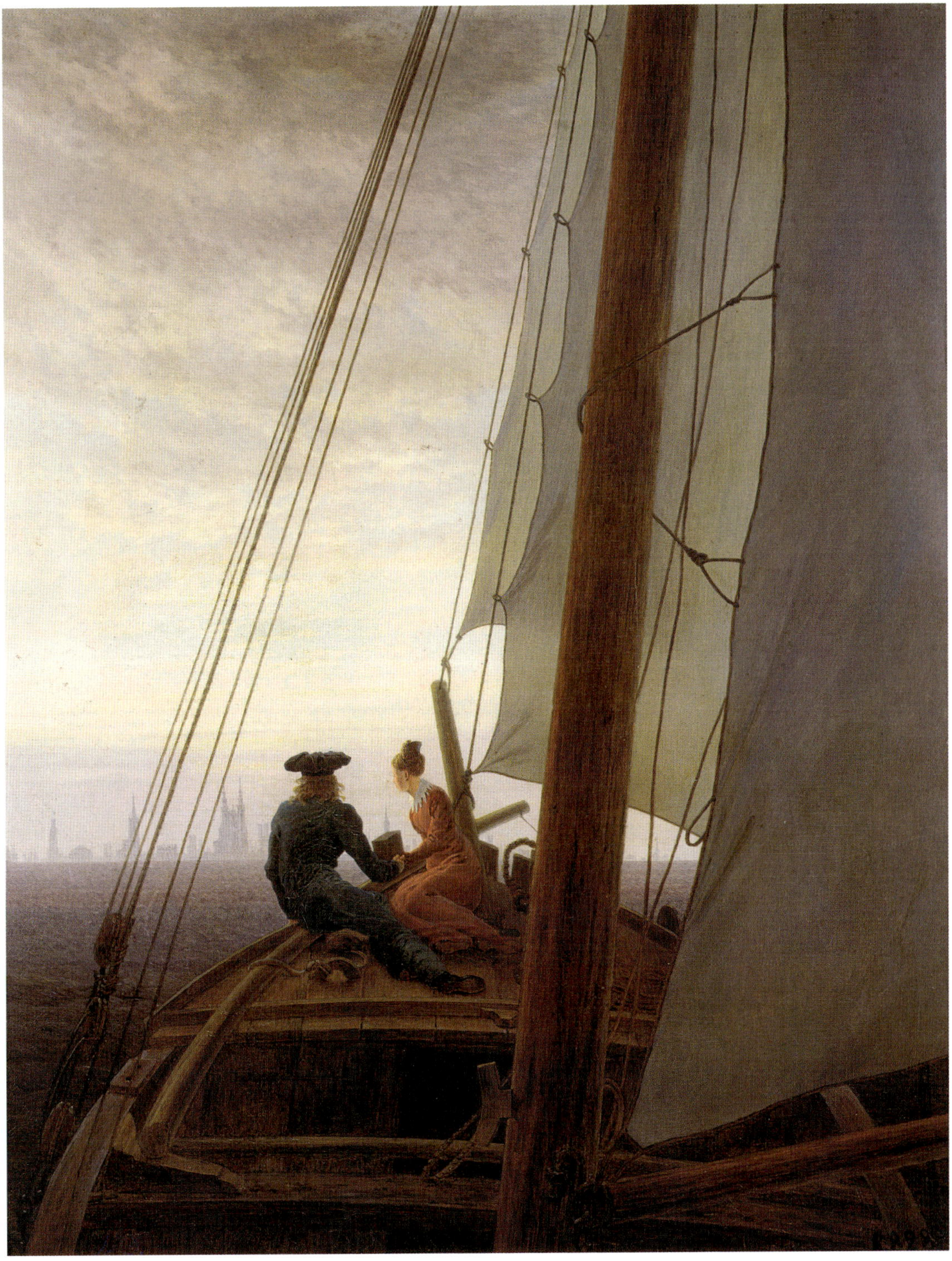

13. *Auf dem Segler*, 1818
71 x 56 cm, Eremitage, Sankt Petersburg

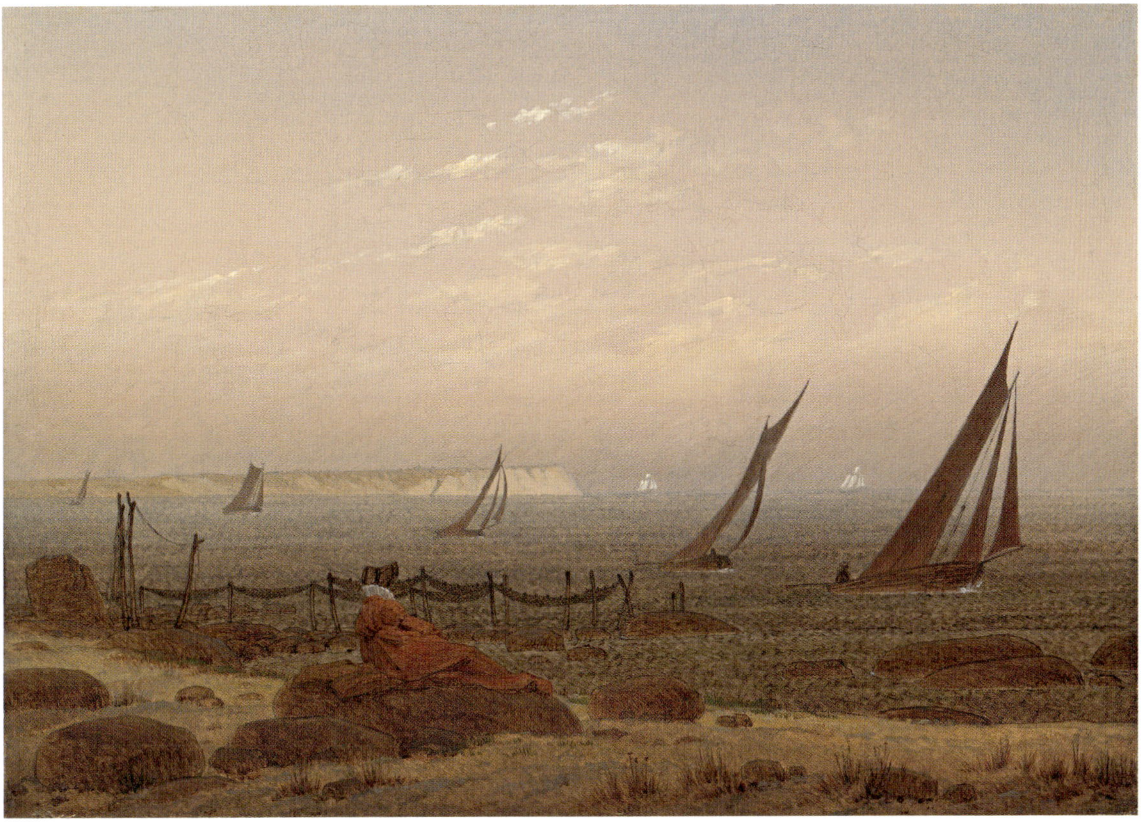

14. *Frau am Strand von Rügen*, 1818
21, 5 x 30 cm, Kunst Museum Winterthur, Stiftung Oskar Reinhart

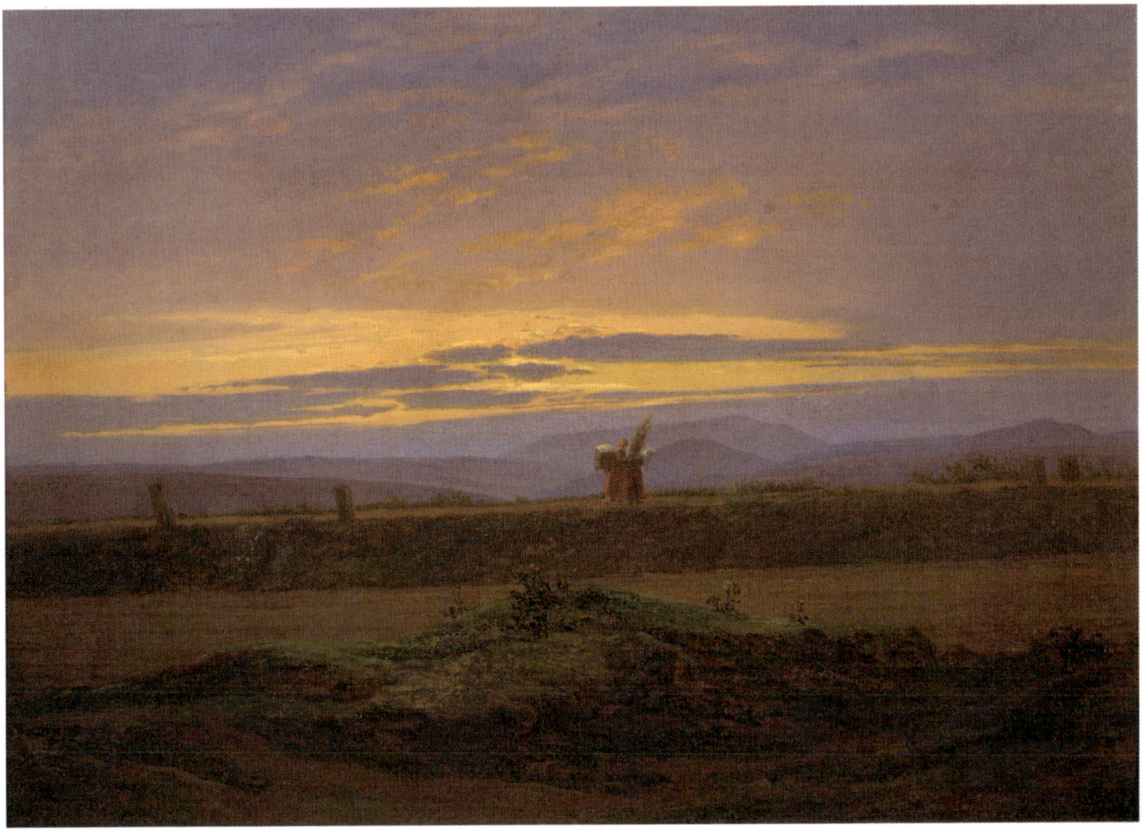

15. *Elblandschaft*, um 1820
22,2 x 30,5 cm, Stralsund Museum

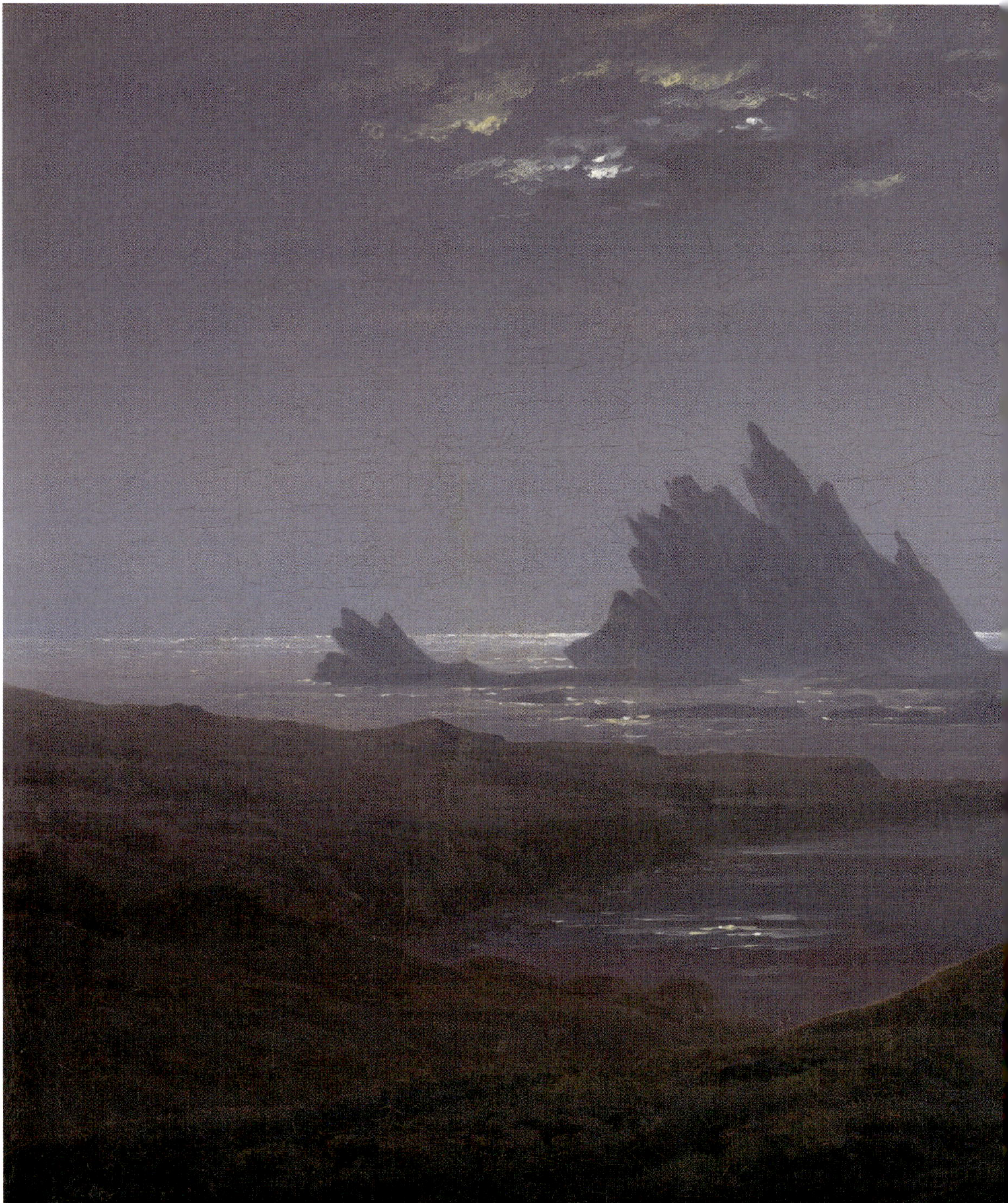

16. *Felsenriff am Meeresstrand,* 1824
22 x 31 cm, Staatliche Kunsthalle Karlsruhe

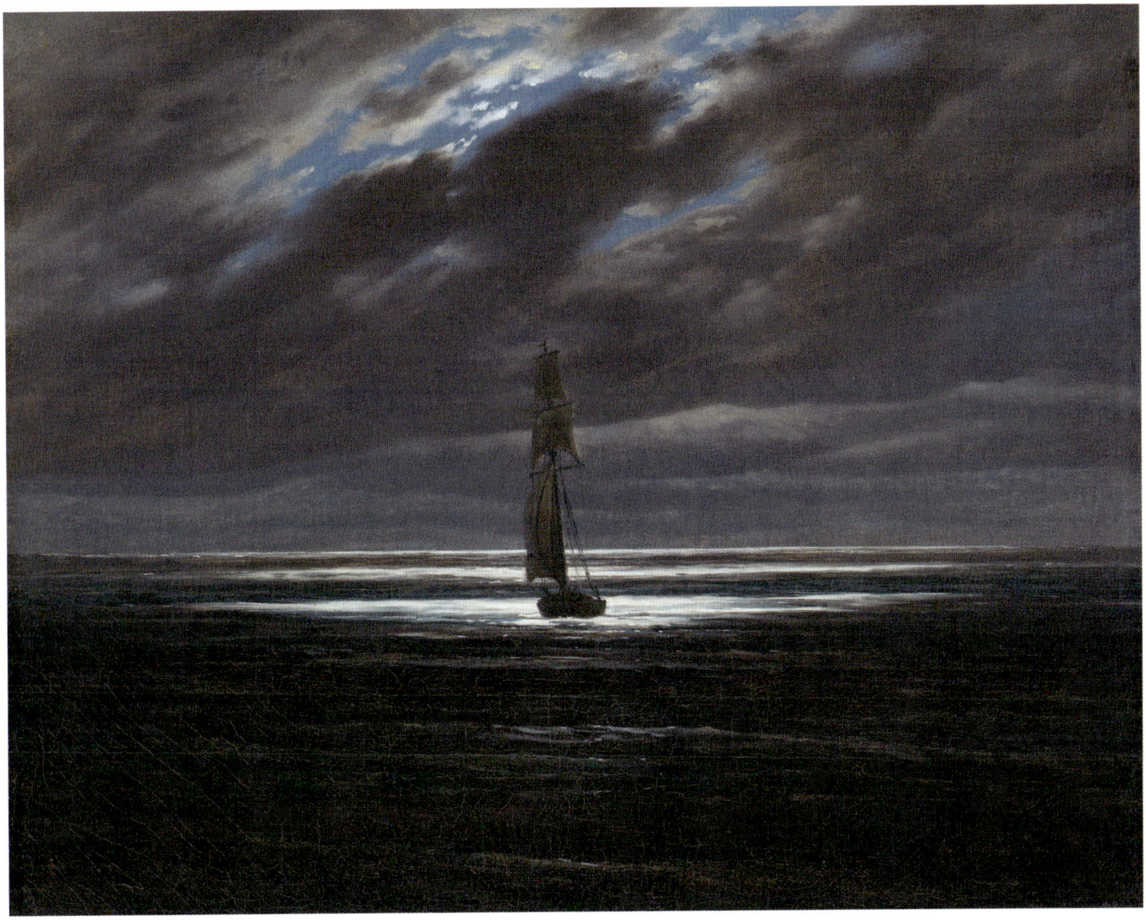

17. *Seestück bei Mondschein,* um 1827
25,2 x 31,2 cm, Museum der Bildenden Künste Leipzig

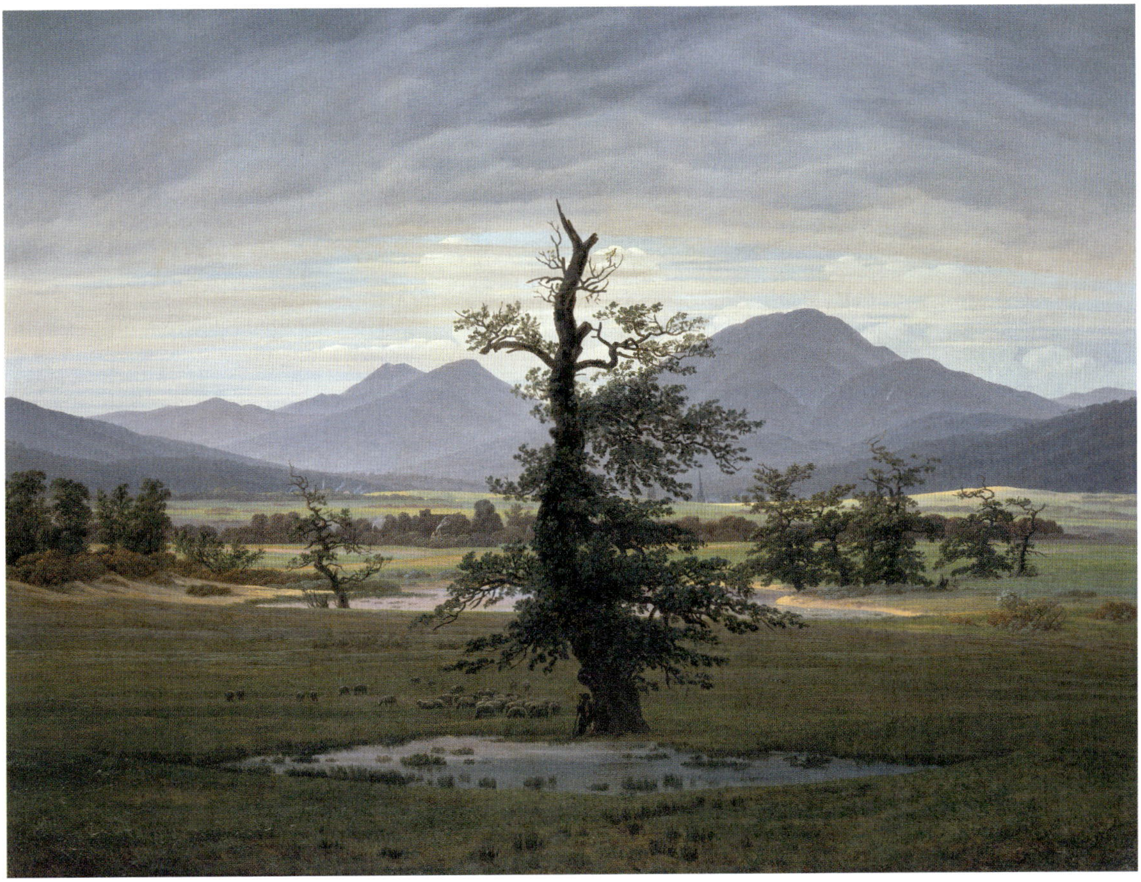

18. *Der einsame Baum*, 1822
55 x 71 cm, Nationalgalerie Berlin

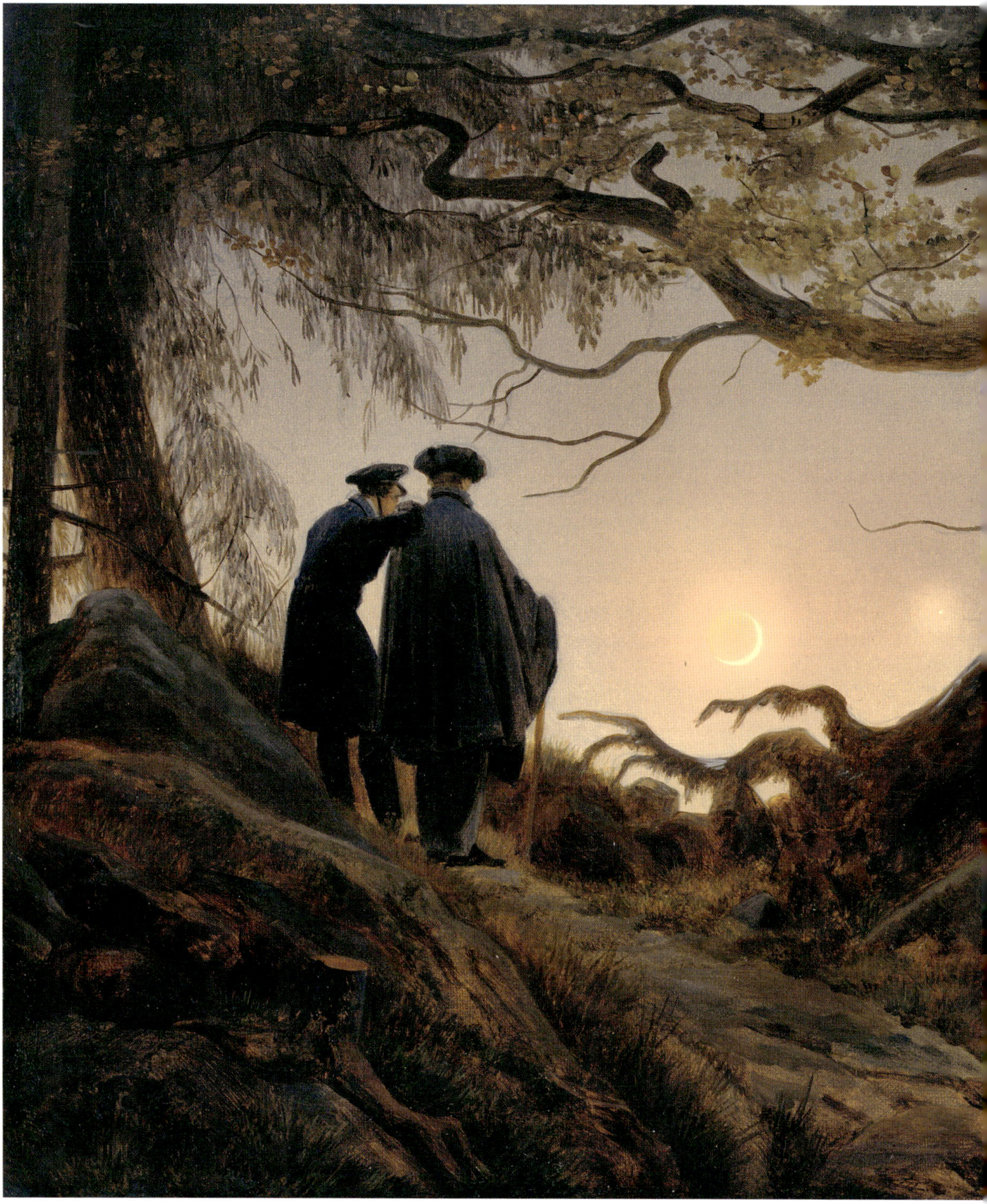

19. *Zwei Männer in Betrachtung des Mondes*, 1830/35
35 x 44,5 cm, Privatbesitz

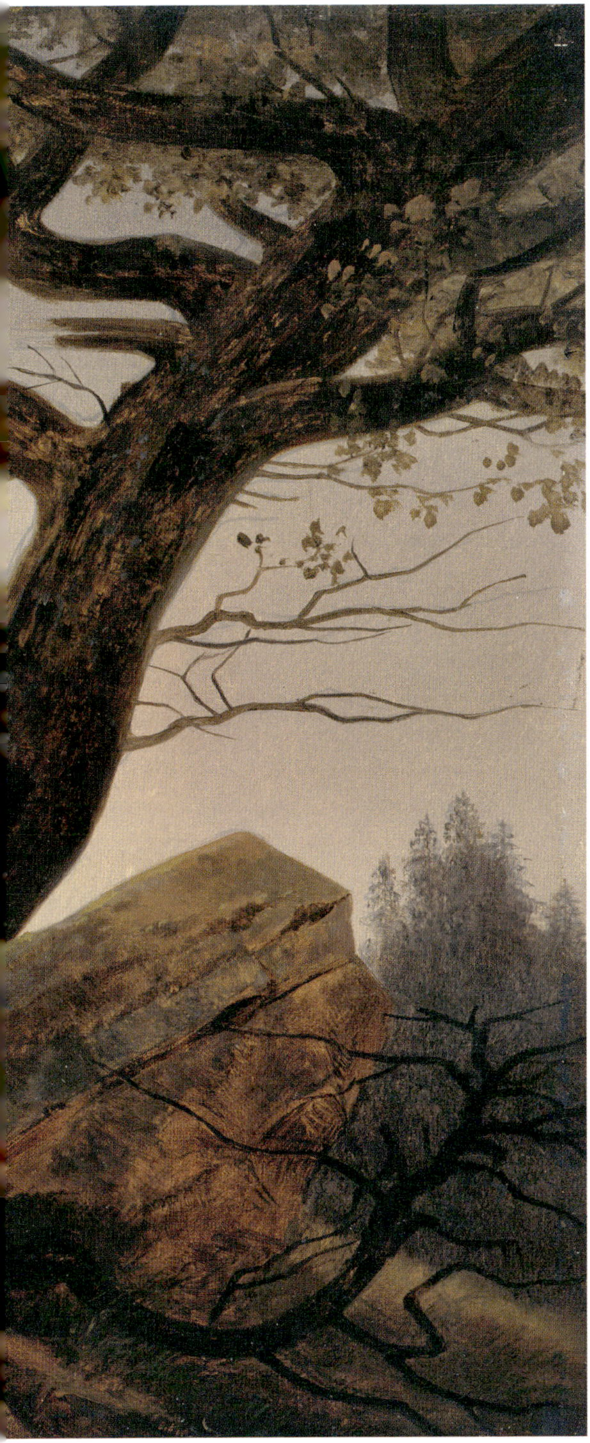

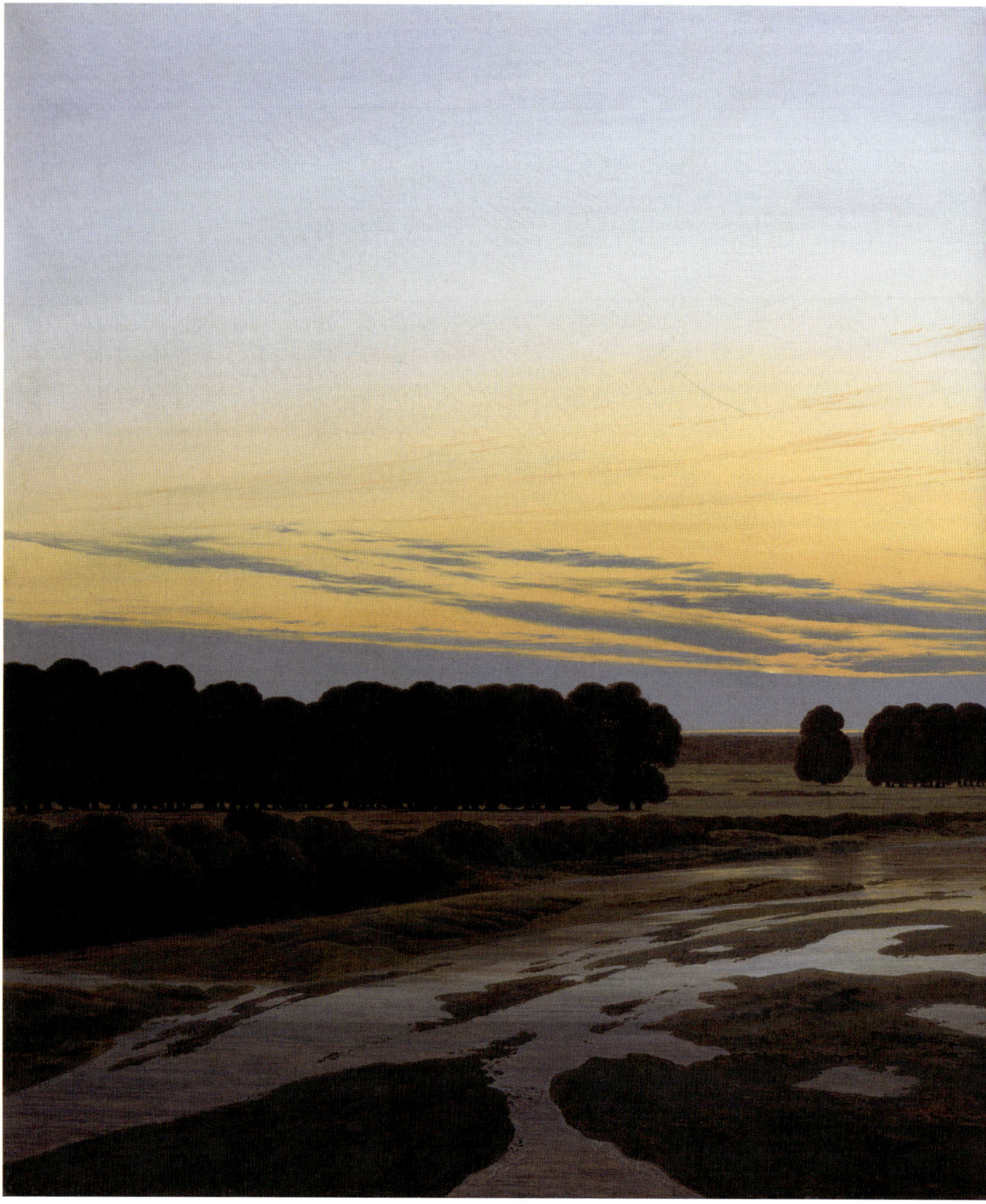

20. *Das Große Gehege bei Dresden,* 1832
73,5 x 103 cm, Albertinum, Dresden

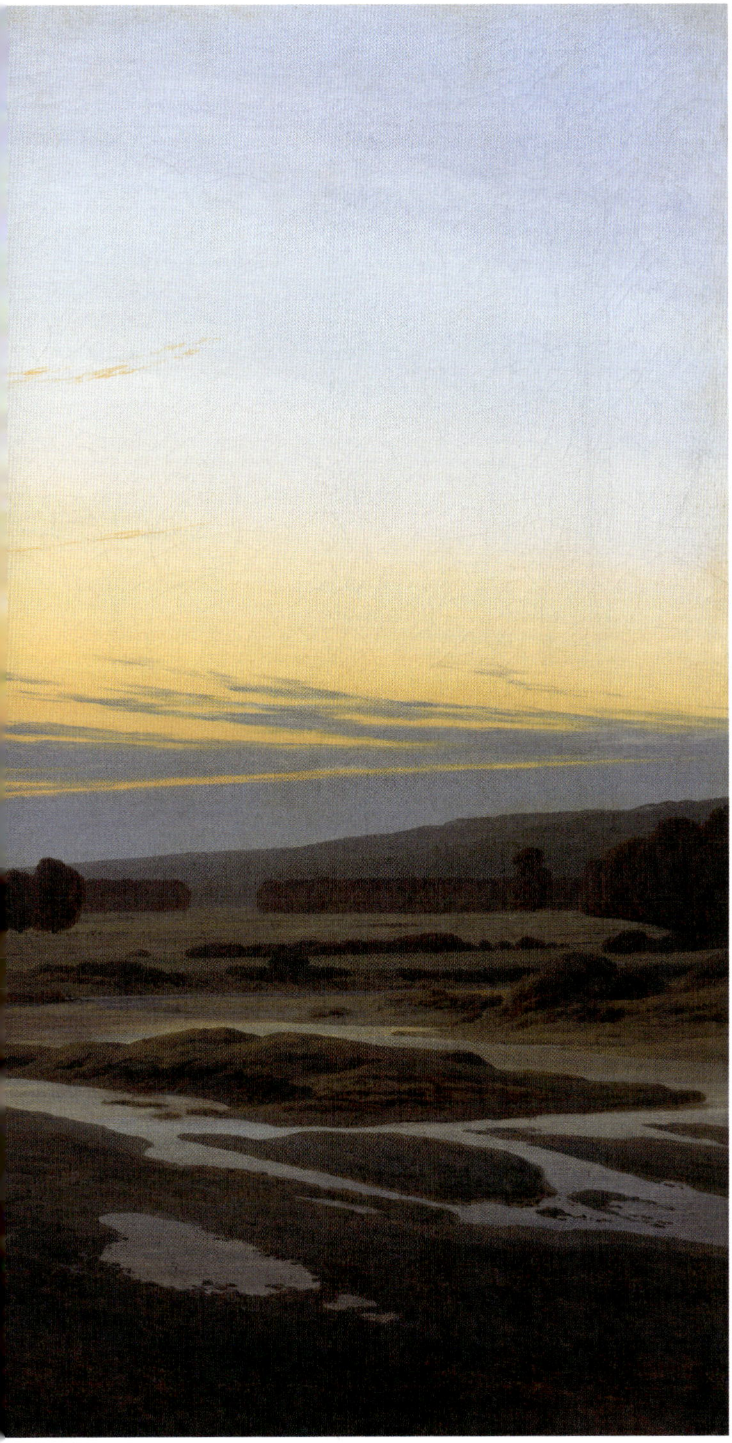

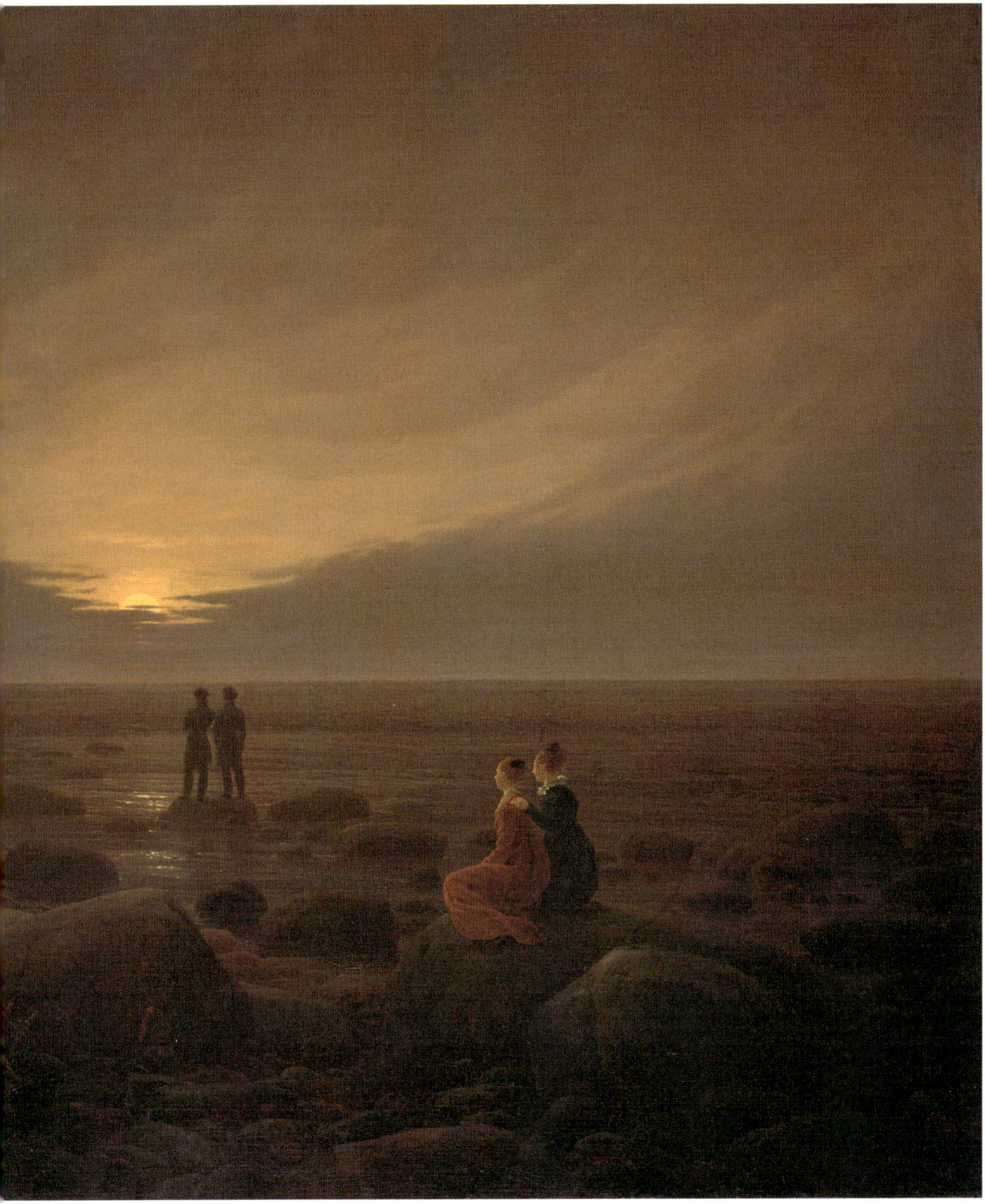

21. *Mondaufgang am Meer*, 1821
135 x 170 cm, Eremitage, Sankt Petersburg

Lebensdaten

Den folgenden Daten liegen die Zeittafeln in Börsch-Supan und Jähnig 1973*, S. 11–12, und *Caspar David Friedrich 1774–1840. Kunst um 1800.* Ausstellungskatalog, Hamburger Kunsthalle, 1974, S. 83–88, zugrunde.

1774 Caspar David Friedrich wird am 5. September in Greifswald an der Ostsee geboren. Er ist eines von zehn Kindern des Seifen- und Kerzenmachers Adolf Gottlieb Friedrich und der Sophie Dorothea Friedrich, geb. Bechly.

1781 Die Mutter stirbt am 7. März.

1782 Seine Schwester Elisabeth stirbt am 18. Februar.

1787 Am 8. Dezember ertrinkt sein jüngerer Bruder Johann Christoffer nachdem er Caspar David Friedrich aus dem Eis gezogen hat.

1790 Friedrich beginnt mit Zeichenunterricht bei Johann Gottfried Quistorp, Zeichenlehrer an der Greifswalder Universität.

1791 Seine Schwester Maria stirbt am 27. Mai.

1794–98 Friedrich studiert an der Kopenhagener Kunstakademie. Zu seinen Lehrern gehören Nicolai Abraham Abildgaard, Jens Juel, Christian August Lorentzen und Johannes Wiedewelt. Er verlässt Kopenhagen im Mai und zieht nach Dresden.

1799 Ist mit einem Aquarell zum ersten Mal auf der jährlichen Ausstellung der Dresdner Akademie vertreten.

1801/02 Im Frühjahr kehrt Friedrich nach Greifswald zurück. Er bleibt dort bis zum Sommer des darauffolgenden Jahres und reist mehrere Male nach Rügen, das er 1798/99 kennengelernt hatte. Landschaftszeichnungen entstehen. In Greifswald lernt er Philipp Otto Runge kennen.

1803 Friedrich mietet in Loschwitz bei Dresden eine bescheidene Sommerwohnung.

1805 Im Mai lässt sich der befreundete Maler Gerhard von Kügelgen in Dresden nieder. Friedrich sendet, auf einen Vorschlag Goethes hin, zwei Zeichnungen an die Weimarer Kunstfreunde ein und wird dafür mit einem Preis bedacht.

1806 Krankheit. Im April reist Friedrich über Neubrandenburg nach Greifswald. Die Reise dauert bis August und schließt auch einen Aufenthalt auf Rügen ein.

1807 Im August und September reist Friedrich durch Nordböhmen. Er malt *Ausblick in das Elbtal.*

1808 Erneute Reise nach Nordböhmen. Zu Weihnachten stellt Friedrich *Das Kreuz im Gebirge* (*Tetschener Altar*) in seiner Wohnung aus. Das Bild wird von Basilius von Ramdohr heftig kritisiert.

1809 Reisen nach Greifswald und Neubrandenburg. Friedrichs Vater stirbt am 6. November.

1810 Im Juli erkundet Friedrich mit dem befreundeten Maler Georg Friedrich Kersting zu Fuß das Riesengebirge. Goethe besucht Friedrich am 18. September. Friedrich stellt *Der Mönch am Meer* (Taf. 1) und *Abtei im Eichwald* an der Berliner Akademie aus, wo sie vom preußischen Kronprinzen gesehen und gekauft werden. Er wird zum Mitglied der Berliner Akademie gewählt.

1811 Im Juni wandern Friedrich und der Bildhauer Christian Kühn durch den Harz. Friedrich besucht auf dem Rückweg Goethe in Jena. Er beendet *Morgen im Riesengebirge.*

1812 Friedrich Wilhelm III. von Preußen kauft das Gemälde *Morgen im Riesengebirge*, als es in Weimar ausgestellt ist. Friedrich malt *Gräber gefallener Freiheitskrieger.*

1813 Er verbringt die Zeit der Besetzung Dresdens durch französische Truppen im Elbsandsteingebirge (Sächsische Schweiz).

1815 Friedrich verbringt den August und September in Greifswald und auf Rügen. Er malt *Das Kreuz an der Ostsee.*

1816 Er wird Mitglied der Dresdner Akademie.

1817 Er lernt den Arzt und Maler Carl Gustav Carus kennen.

1818 Am 21. Januar heiratet Friedrich Caroline Brommer. Das Paar reist nach Greifswald, Wolgast, Stralsund und Rügen. Am 28. September trifft der norwegische Maler Johan Christian Claussen Dahl in Dresden ein und sucht Friedrichs Bekanntschaft. Friedrich malt *Der Wanderer über dem Nebelmeer* und *Kreidefelsen auf Rügen.*

1819 Besuch des Prinzen Christian Frederic von Dänemark am 12. Juli. Friedrichs Tochter Emma wird am 30. August geboren. Er malt *Zwei Männer in Betrachtung des Mondes* (Taf. 19)

1820 Gerhard von Kügelgen wird am 27. März auf dem Weg von Dresden nach Loschwitz von einem Straßenräuber ermordet. Friedrich zieht in das Haus An der Elbe 33. Im Dezember besucht Großfürst Nikolaj Pawlowitsch von Russland (der spätere Zar Nikolaus I.) Friedrich in seinem Dresdner Atelier; über den Dichter Wassilij Andrejewitsch Shukowskij wird er zahlreiche Bilder von Friedrich kaufen. Bei diesem

Besuch ersteht der Großfürst *Auf dem Segler* (Taf. 13) und *Die Schwestern auf dem Söller am Hafen* (*Nächtlicher Hafen*).

1821 Im Juni Besuch von W. A. Shukowskij. Friedrichs Bruder Heinrich besucht ihn im Sommer.

1822 Besuch des Dichters Friedrich de la Motte Fouqué. Er malt *Mondaufgang am Meer* (Taf. 21) und *Dorflandschaft bei Morgenbeleuchtung* (*Der einsame Baum*, Taf. 18).

1823 Dahl zieht zu den Friedrichs in das Haus An der Elbe 33. Die beiden Künstler stellen 1824, 1826, 1829 und 1833 zusammen aus und erhalten Gemeinschaftsaufträge. Friedrichs Tochter Agnes Adelheid wird am 2. September geboren.

1824 Am 17. Januar wird er zum außerordentlichen Professor an der Dresdner Akademie ernannt. Als Johann Christian Klengel am 19. Dezember stirbt, erhält Friedrich nicht dessen Professur für Landschaftsmalerei. Im Oktober besucht er Georg Friedrich Kersting in Meißen. Am 23. Dezember wird sein Sohn Gustav Adolf geboren. Friedrich ist krank. Er malt *Das Eismeer* (*Die verunglückte Nordpolexpedition, Die gescheiterte Hoffnung*).

1825 *Der Watzmann* wird an der Dresdner Akademie ausgestellt. Er malt *Friedhofseingang*.

1826 Krankheit. Im Mai und Juni Kuraufenthalt auf Rügen. An der ersten Ausstellung des Hamburger Kunstvereins beteiligt sich Friedrich mit drei Bildern, darunter *Das Eismeer* (*Die verunglückte Nordpolexpedition, Die gescheiterte Hoffnung*).

1828 Im Mai Aufenthalt in Teplitz, Böhmen.

1830 Im März wird Friedrich in seinem Dresdner Atelier von Kronprinz Friedrich Wilhelm von Preußen besucht.

1834 Am 7. November stattet der französische Bildhauer David d'Angers Friedrich einen Besuch ab. Friedrich malt *Die Lebensstufen.*

1835 Am 26. Juni erleidet er einen Schlaganfall. Die Einnahmen aus dem Verkauf mehrerer Bilder an Zar Nikolaus I. erlauben ihm einen Kuraufenthalt in Teplitz von Mitte August bis Ende September. Aus gesundheitlichen Gründen arbeitet Friedrich nun fast ausschließlich mit Sepia und Aquarellfarben.

1836 Wilhelm von Kügelgen besucht ihn am 2. März. Friedrich ist sehr krank.

1838 Am 23. Juni stirbt sein Bruder Adolf.

1840 Caspar David Friedrich stirbt am 7. Mai in Dresden und wird dort am 10. Mai beerdigt.

*Börsch-Supan, Helmut und Jähnig, Karl Wilhelm: *Caspar David Friedrich. Gemälde, Druckgraphik und bildmäßige Zeichnungen.* München 1973

Bildnachweis

Taf. 1: Fine Art Images – ARTOTHEK; Taf. 2: Kunst Museum Winterthur, Stiftung Oskar Reinhart, Ankauf, 1961, Foto SIK-ISEA, Zürich, Philipp Hitz; Taf. 3: bpk / Museum Georg Schäfer Schweinfurt; Taf. 4: Pommersches Landesmuseum, Greifswald; Taf. 5: Museum Folkwang Essen – ARTOTHEK; Taf. 6: Museum Folkwang Essen – ARTOTHEK; Taf. 7: Belvedere, Wien, Foto: Johannes Stoll; Taf. 8: ARTOTHEK; Taf. 9: David Hall – ARTOTHEK; Taf. 10: Landesmuseum Hannover – ARTOTHEK; Taf. 11: (c) Bridgeman Art Library; Taf.12: bpk / Hamburger Kunsthalle / Elke Walford; Taf. 13: akg-images; Taf. 14: Kunst Museum Winterthur, Stiftung Oskar Reinhart, Ankauf, 1932, Foto SIK-ISEA, Zürich, Philipp Hitz; Taf. 15: (c) Stralsund Museum, InvNr. 1858.10; Taf.16: Gnamm – ARTOTHEK; Taf. 17: ARTOTHEK; Taf. 18: ARTOTHEK; Taf. 19: Privatbesitz; Taf. 20: ARTOTHEK; Taf. 21: bpk / Roman Beniaminson

Lithographie: Bayermedia, München
Druck und Bindung: DZS Grafik, Ljubljana

ISBN 978-3-8296-1018-6

Eine Schirmer/Mosel Produktion
www.schirmer-mosel.com

Caspar David Friedrich bei Schirmer/Mosel

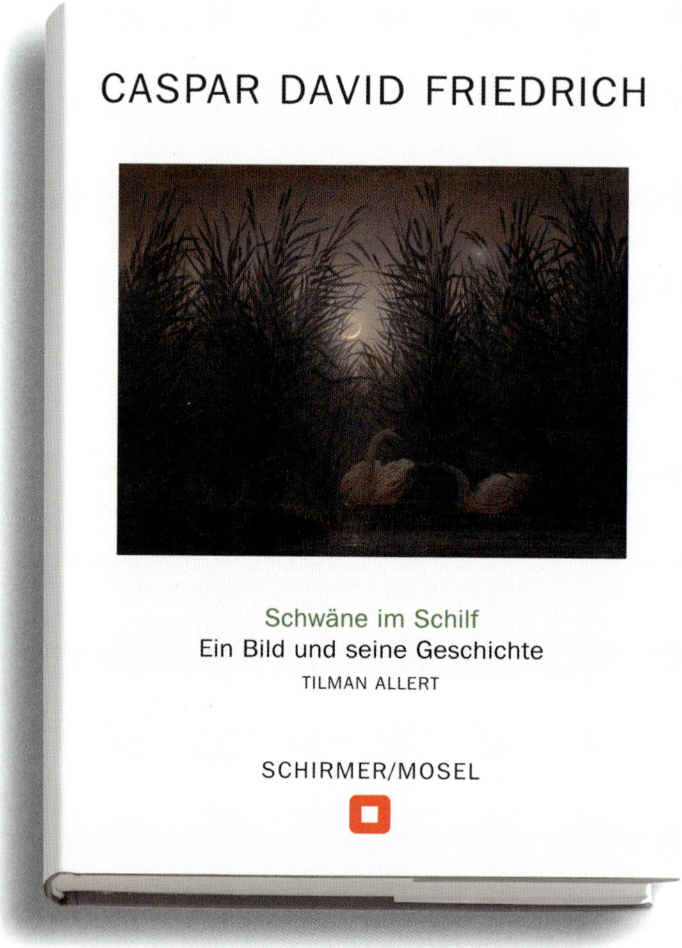

Tilman Allert

Caspar David Friedrich

Schwäne im Schilf

Ein Bild und seine Geschichte

48 Seiten, 5 Abbildungen in Farbe

ISBN 978-3-8296-1012-4

Caspar David Friedrich bei Schirmer/Mosel

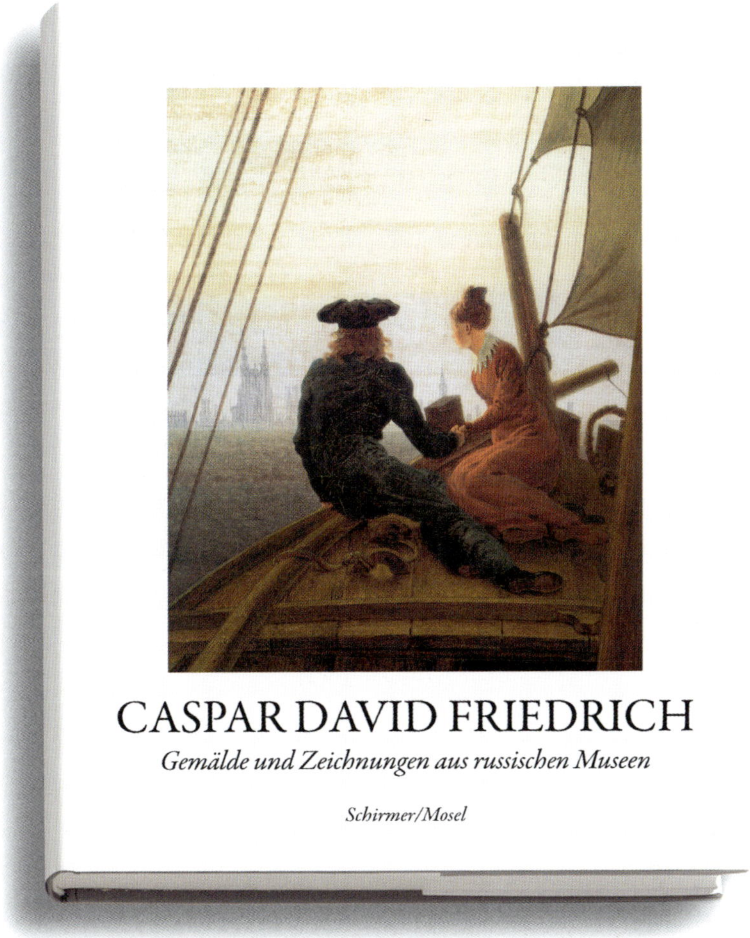

Sabine Rewald (Hrsg.)

Caspar David Friedrich

Gemälde und Zeichnungen aus russischen Museen

Mit Texten von Sabine Rewald, Robert Rosenblum und Boris I. Aswarischtsch

128 Seiten, 78 Abbildungen in Farbe

ISBN 978-3-8296-0992-0